Marche où la vie t'ensoleille

Groupe Eyrolles
61, bd Saint-Germain
75240 Paris Cedex 05
www.editions-eyrolles.com

Avec la collaboration de Nolwenn Tréhondart

En application de la loi du 11 mars 1957, il est interdit de reproduire intégralement ou partiellement le présent ouvrage, sur quelque support que ce soit, sans l'autorisation de l'éditeur ou du Centre français d'exploitation du droit de copie, 20, rue des Grands Augustins, 75006 Paris.

© Groupe Eyrolles, 2017
ISBN : 978-2-212-56609-3

Juliette Allais

Marche où la vie t'ensoleille

Roman

EYROLLES

À Olga Gürel, une mère fantasque, qui honore la vie

Je remercie Didier Goutman, Stéphanie Ricordel, Nolwenn Tréhondart, Olga Gürel et Valérie Josselin pour leurs retours enthousiastes et leurs conseils éclairés.

Le monde est beau.
Nous sommes vivants.
Il ne tient qu'à nous de célébrer cela tous les jours
comme le plus précieux des cadeaux.

Walter Wolf

Nous passons notre temps à oublier notre moitié invisible
ou à faire comme si elle n'existait pas.
Alors, notre vie nous devient totalement inintelligible.

Stan Kopeck

Les cygnes appartiennent à la même famille que les canards,
mais ce sont des cygnes.

Proverbe turc

Et si nous apprenions à déchiffrer le message
que la vie nous adresse ?
Imaginez à quel point cela pourrait bousculer nos habitudes
et rendre nos existences beaucoup plus palpitantes !

Petit Manuel de réenchantement

1

— Garnier ! Le contrat Ferguson & Ferguson, on en est où ? aboya mon patron.

Je sursautai et marmonnai : « Heu… », d'un air ahuri.

En réalité, je ne savais plus du tout où j'en étais depuis hier soir.

J'avais juste envie de m'installer — confortablement si possible — dans un trou de souris et d'attendre. Attendre quoi ? Peut-être quelqu'un qui viendrait passer sa tête et me demander avec sollicitude : « Chère Élodie, qu'est-ce qui vous ferait plaisir ? Un p'tit café, un croissant ? Vous les prendrez là ou au salon ? »

— Bon, vous m'le rendez quand ?

Le boss éructa : « Y m'le faut pour hier, Garnier ! Pas pour dans trois mois ! *Verstehen Sie ?* »

Je tentai de me ressaisir.

Cela ne m'était jamais arrivé de perdre les pédales au boulot. Je suis normalement quelqu'un d'équilibré. Je maîtrise parfaitement les situations, je gère mes émotions. Je ne dépasse jamais la mesure. En toutes circonstances, je reste zen. Mais, là, depuis hier, depuis cette horrible soirée, je ne suis plus moi-même. Je m'égare dans mes dossiers, je suis ailleurs, je n'assure plus du tout. Ce matin, je me suis levée avec une boule dans la gorge. Qu'est-ce qui m'arrive ? Je regarde autour de moi : mes collègues vont et viennent, les uns joyeusement, les autres le nez plongé dans leurs paperasses. Ils ont l'air d'aller bien, *eux*. Je surveille furtivement que personne ne m'épie en douce. Je peux à la rigueur être chamboulée de l'intérieur. Mais je ne veux surtout pas que ça se remarque. Sinon ? Eh bien, allez savoir : peut-être que je serai ré-tro-gra-dée ! Car, chez Fiche, Tchips & Co, il n'est pas bon d'afficher une mine défaite ou le moindre signe de découragement. Nous devons être performants, efficaces et POSITIFS. Notre boss, lui seul, est autorisé à aboyer ou à avoir des états d'âme. Mais il est LE boss. Ça lui donne à peu près tous les droits…

Heureusement, il y a Caro. C'est ma meilleure amie. Nous travaillons ensemble dans le même cabinet d'avocats d'affaires depuis cinq ans. Avec elle, tout est simple. Je peux lui confier tout ce qui me passe par la tête. Je sais qu'elle est toujours de mon côté, quoi que je fasse. Et ce soir, ça tombe bien, nous avons prévu d'aller dîner ensemble, pour notre débriefing hebdomadaire. Nous y partageons nos joies et nos ratés de la semaine, tout ce qui nous a rendues heureuses ou maussades, entre deux fous rires. Caroline est un des piliers de mon existence. Elle est belle, intelligente et drôle. Et même si, parfois, elle me secoue un peu, elle sait toujours trouver les mots pour me remonter le moral. Eh bien, justement, je vais pouvoir lui exposer mon problème. Car, depuis hier soir, ma vie a pris un tournant inattendu. Et je sens que ce n'est pas bon pour moi.

Nous avons rendez-vous dans un joli café où nous avons nos habitudes, pas loin de la butte Montmartre. Mes pas me dirigent machinalement vers la sortie du métro qui donne sur la petite place où nous sommes censées nous retrouver. Je gravis les marches une à une, perdue dans mes pensées. Comme je suis un peu en avance, je déambule dans la ruelle qui monte, flânant d'une vitrine à l'autre. Le soir tombe et l'air frais recèle une promesse joyeuse et vivifiante. J'aime beaucoup Paris en automne, quand les lumières s'allument progressivement et que le froid de l'hiver ne s'est pas encore installé. Pourtant, aujourd'hui, je n'éprouve pas l'excitation habituelle de fin de semaine à l'idée de pouvoir enfin profiter d'un peu de temps libre. Je suis tendue et inquiète. Machinalement, j'entre dans une boutique que je repère pour la première fois, sans intention particulière. Le lieu est chaleureux, rempli d'objets anciens et de vieux livres aux couvertures un peu passées. Les murs sont tapissés de rouge, comme dans un théâtre. Une musique jazzy franchement rétro parvient agréablement à mes oreilles. Quelque chose de rassurant flotte dans l'atmosphère : une douce clarté, une ambiance légèrement festive, comme à l'approche d'un événement heureux depuis longtemps espéré. Je retrouve une sensation que l'on éprouve parfois dans ces moments de grâce où on a l'impression exquise de ne plus toucher terre. Et, pour la première fois depuis hier soir, je me sens apaisée. Mes mains effleurent distraitement les objets avec délicatesse. Je m'attarde sur un livre dont la couverture m'intrigue : c'est une magnifique tête de lion, et, bizarrement, elle semble me sourire, comme si elle n'attendait que moi. L'ouvrage est ancien et ses pages, un peu jaunies, dégagent un parfum suranné. La beauté de ses gravures m'impressionne : une vue somptueuse du Grand Canal à Venise, la tête majestueuse d'un cheval blanc, un paysage enneigé sous le soleil. Toutes évoquent un univers poétique, féérique et enchanteur.

Mon regard tombe sur une inscription en lettres capitales :

« VOUS NE LE SAVEZ PEUT-ÊTRE PAS MAIS *TOUT CE QUI VOUS ARRIVE A DU SENS...* »

Quelle phrase stupide ! Je sursaute et la relis pour voir si je ne me suis pas trompée. Pfff, me dis-je tout bas, certainement pas ! Et encore moins ce qui m'arrive depuis hier. Je referme le livre d'un geste agacé et me dirige à grands pas vers la sortie. Au moment où je franchis la porte, une voix grave et profonde m'interpelle : « Aurons-nous le plaisir de vous revoir ? » Je me retourne, gênée. Dans ma précipitation, j'ai manqué de politesse et n'ai même pas salué le vendeur. À mon grand étonnement, je m'entends répondre : « Oui, peut-être… » Je rencontre les yeux de mon interlocuteur. Ce n'est pas du tout ce que j'imaginais. Son visage semble venir d'un autre siècle. Une crinière blanche, un sourire tranquille, un peu énigmatique. Mais son regard surtout attire l'attention : perçant, mais bienveillant, presque teinté de mélancolie. « Alors, à bientôt », me répond-il avec assurance. Et il disparaît au milieu de cet assemblage hétéroclite de vieux souvenirs.

Caro m'attend à l'intérieur du café, un magazine posé devant elle, le regard perdu au loin. Quand elle me voit arriver, elle s'esclaffe, en me mettant sa montre sous le nez.

— Oui, madame ! Trente minutes de retard ! Ben non, je ne suis pas partie en courant, mais quand même… Je trouve ça un peu *fort de café*, comme disait ma grand-mère !

Je la regarde, incrédule.

— Ce n'est pas possible, j'étais très en avance et j'ai juste fouiné cinq minutes dans une boutique !

Elle me dévisage d'un air consterné :

— Dis donc, Didi, t'es gonflée quand même… Quelle mauvaise foi, j'en reviens pas. Garçon, un autre verre de vin, s'il vous plaît, pour me faire avaler la pilule.

— Mais je t'assure, Caro, je te raconte pas d'histoires : j'ai passé cinq minutes dans ce magasin, pas plus ! D'ailleurs, il faudra que je t'y emmène, c'est un endroit tellement…

Je ne trouve pas les mots. Caro me fait signe de me taire et de m'asseoir, d'un air de dire : ma pauvre fille, prends un verre et raconte-moi plutôt comment tu vas.

Je m'effondre sur la banquette, incapable d'articuler le moindre son. Mes yeux se remplissent de larmes et je secoue la tête. Petit à petit me reviennent les images de la soirée d'hier : Pierre-Laurent et moi sommes assis confortablement sur le divan. Nous allons nous marier dans quelques mois. Nous évoquons ensemble les préparatifs, les amis à inviter, le menu, les cadeaux… Pierre-Laurent est excellent dans ce rôle. Il adore planifier. Je le laisse souvent faire car je sais que ça lui fait plaisir. Il faut dire qu'il est facilement plus compétent que moi dans tout ce qui concerne la vie matérielle et tellement mieux organisé !

Je l'ai rencontré, il y a six mois, à une soirée chez une amie, avocate elle aussi. Il est entré, seul, et j'ai littéralement vu toutes les filles tourner la tête dans sa direction, comme une horde de requins affamés. Quant à moi, dès que je l'ai aperçu, je n'ai pu m'empêcher de fantasmer sur le couple idéal que nous pourrions former si la vie était « bien faite » : un homme beau, grand, large d'épaules, avec un sourire magnifique. Le mec dont nous rêvons toutes, charismatique et rassurant à la fois. Nos regards se sont croisés et, là, instantanément, j'ai eu envie de me blottir dans ses bras et de repartir avec lui, comme si c'était une évidence. Je lui ai fait du charme, un peu maladroitement je l'avoue, car j'étais légèrement intimidée par sa prestance et son physique de mannequin. Et, à ma grande surprise, cela ne l'a pas laissé indifférent. Il m'a raccompagnée à la fin de la soirée, et j'ai senti qu'il se passait quelque chose d'important entre nous deux. Nous nous sommes fait la bise, chastement, tout en nous promettant de nous revoir. Et, après un mois d'une cour assidue, où nous avons beaucoup fréquenté musées et salons de thé, nous avons enfin passé notre première nuit ensemble.

J'ai eu du mal à y croire au début, car il me semblait que c'était plutôt le genre de mec à collectionner les filles, sans trop s'attacher. En outre, nous n'étions pas tout à fait « du même monde ». Je viens d'une famille beaucoup moins aisée que la sienne. Mes parents, directeur d'école et institutrice, m'ont élevée avec des principes, certes, mais pas du tout dans le luxe. Et je me sens toujours un peu décalée par rapport au milieu très bourgeois dont Pierre-Laurent est issu. Pourtant, il a immédiatement pris notre histoire au sérieux et, au fil des semaines, nous avons *réellement* fait connaissance… Nous nous sommes découvert une passion commune pour les voyages, le cinéma, la musique, où nous avons souvent les mêmes goûts. Et dans la vie quotidienne, nous nous entendons parfaitement bien car nous sommes en tous points complémentaires. J'apprécie son côté ordonné qui rend la vie à deux beaucoup plus facile. De plus, il est tendre, protecteur et toujours très soucieux de mon bien-être. Très vite, il m'a révélé qu'il me trouvait particulièrement attachante et totalement différente des filles qu'il avait connues jusque-là. « Tu es tellement vulnérable, par moments, m'a-t-il confié, j'ai tout le temps envie de te protéger. Je sens à quel point tu as besoin d'une épaule rassurante, même si tu cherches très souvent à le cacher. » Cela m'a fait craquer. Je me suis sentie « exceptionnelle » à ses yeux. Et ça, ça me donne des ailes ! En réalité, si je suis vraiment honnête, le fait qu'il me choisisse, *moi*, m'a énormément flattée et a balayé tous les doutes que je pouvais avoir sur mon pouvoir de séduction et ma valeur en tant que femme. Mon narcissisme — si je puis dire — a fait un grand bond en avant.

Petit à petit, notre relation a pris un tour plus « officiel ». Mes parents ont fait sa connaissance et l'ont adopté d'emblée. Ma mère a été séduite, avant tout, par sa gentillesse. Et mon père est ravi à l'idée d'avoir un gendre « responsable », d'une excellente famille, très bien élevé et promis à une brillante carrière. J'ai vu dans leurs yeux que mon choix les rassurait. D'autant que ma dernière aventure amoureuse s'était plutôt mal terminée. Quant à la famille de Pierre-Laurent, elle a, semble-t-il, peu à peu, commencé à m'accepter comme l'une des leurs, même si j'ai senti parfois un peu de réticence chez sa mère à partager son fils avec une autre. Et, finalement, au bout de six mois, c'est-à-dire la semaine dernière, Pierre-Laurent m'a demandée en mariage. Cela s'est passé comme dans les films, dans un grand restaurant parisien très chic : au milieu du repas, il s'est éclairci la gorge, a pris sa respiration et m'a demandé si je voulais l'épouser. Tout en exhibant une petite boîte qu'il a ouverte avec un peu de difficulté car il n'est pas toujours très adroit. Cela nous a fait rire. Dans la boîte trônait crânement une superbe bague de chez Cartier, avec un diamant étincelant de mille feux. Je m'y attendais un peu, mais le vivre « en vrai » a été un moment très émouvant. J'ai immédiatement appelé mes parents pour leur annoncer la bonne nouvelle. Depuis, tout le monde me félicite et se réjouit pour moi en me disant que j'ai une chance folle dans la vie. J'ai à peine trente ans et j'ai déjà tout : un mec parfait sous tous rapports, des parents aimants et formidables, un excellent job bien rémunéré, un physique plutôt agréable et un joli appartement. La vie me sourit, l'avenir est radieux. Que demander de plus ? (Une augmentation !, dirait Caro, toujours pragmatique…)

Mais voilà. Hier soir, tout a mal tourné. Assis tous les deux sur le divan, nous devisions tranquillement sur la suprématie des bouchées au porc de chez Tartillon Frères lorsque Pierre-Laurent se mit à s'agiter, animé tout à coup d'une effervescence inhabituelle :

— Ma chérie, tu sais qu'ils existent depuis 1905 ?

— Ah, fis-je distraitement.

— C'est une entreprise familiale, figure-toi. Mon grand-père allait déjà chez eux et son père, qui lui a payé le mariage, avait commandé là aussi. C'est une tradition chez nous. Et puis, tu sais, les bouchées au porc, c'est tout un art. Ça ne se fait pas « comme ça » !

Je souris, pensant qu'il plaisantait. Mais il reprit, le plus sérieusement du monde :

— Il faut d'abord faire mariner la viande dans un grand nombre d'épices, dont un mélange mi-coriandre mi-curcuma.

C'est vraiment ça qui lui donne ce goût si délicat qu'on ne trouve nulle part ailleurs…

Je soupirai. Il ne se démonta pas et continua :

— Mais c'est pas tout : il faut aussi faire mijoter pendant dix heures d'affilée les morceaux de porc…

Je me mis à tortiller mon cure-dents avec impatience : je n'aimais pas tant que ça le porc et cette conversation commençait à m'ennuyer ferme. Par ailleurs, en cuisine, j'étais proche de zéro : je n'avais jamais réussi à faire cuire autre chose que des surgelés. Peut-être était-ce le seul domaine où j'étais tout à fait différente de ma mère.

— Il y a des années que cette recette existe, continuait à s'extasier Pierre-Laurent. Et je t'assure qu'ils ont vu défiler du monde au comptoir ! Même Mitterrand s'est fourni chez eux, me souffla-t-il à voix basse, comme s'il me confiait un savoureux secret d'alcôve.

Toi, me dis-je allègrement, il va falloir que tu te détendes un peu le ciboulot. Ça fait une demi-heure que tu me bassines. En réalité, lorsque Pierre-Laurent partait en flèche sur un sujet qui lui tenait à cœur, personne ne parvenait plus à l'arrêter. Je me sentais alors bizarrement abandonnée, comme si je n'existais pas à ses yeux. Et je ne savais plus comment faire pour attirer son attention.

— La devise de l'entreprise, c'est « Tartillon Frères, pour rendre vos jours plus savoureux ». Mais, eux, *attention*, ils mettent vraiment le paquet ! Un jour, avec mon père, nous sommes allés visiter l'usine à Orchies…

Ce coup-ci, c'en était trop pour moi. Je me tournai vers lui brusquement et, d'un air parfaitement provocateur, je renversai le contenu de mon verre sur la moquette beige immaculée, pendant qu'une autre partie de moi, un peu horrifiée, assistait à la catastrophe, sans intervenir. J'ai regardé fixement le jus de framboise envahir l'espace situé sous mes pieds, et j'ai soulevé ceux-ci pour éviter l'assaut, comme si c'était la seule chose intelligente à faire. Puis, je me suis aperçue que je tenais toujours mon verre alors que son contenu avait depuis longtemps disparu. J'ai levé les yeux au plafond, bêtement, cherchant l'inspiration. À ce moment-là, j'ai senti que j'avais fait fausse route et qu'il devenait urgent de trouver quelque chose à dire pour détendre l'atmosphère. Mais rien n'est venu. Alors, je me suis levée pour me confectionner un deuxième cocktail, dans un silence sépulcral, déçue par cette tentative infructueuse et envahie par une inquiétude grandissante. Et là... le pire est arrivé. Au lieu d'en rester sagement là, j'ai voulu tenter quelque chose d'encore plus audacieux : je me suis approchée de Pierre-Laurent, mon verre à la main. Il n'avait bizarrement ni bougé ni protesté. Il s'était jusque-là contenté de me regarder en fronçant les sourcils, comme s'il n'en croyait pas ses yeux. Je me suis glissée derrière lui et, le plus doucement possible, j'ai commencé à lui verser le cocktail sur la tête en lui massant les cheveux.

Caro écoute mon récit avec une expression d'incrédulité, suivie d'un éclat de rire monumental. Je ne l'avais jamais vue aussi hilare. Je dois dire que je ne m'attendais pas à une telle réaction. En la voyant rire avec autant d'ardeur, je ne peux pas m'empêcher de sourire à mon tour en repensant à la scène. Caro se tapote le front avec un doigt et secoue la tête : « Sainte-Anne, direct ! » Puis, voyant mon expression effarée, elle se rapproche de moi et plonge ses yeux dans les miens.

— Tu as bien fait. Pierre-Laurent n'est pas l'homme qu'il te faut.

Et elle ajoute, d'un air entendu :

— Je te l'ai toujours dit !

Je sais bien que cette idée lui trotte dans la tête depuis le début. Pour elle, Pierre-Laurent manque totalement de fantaisie.

D'accord, il est directeur du service Sinistres dans une grande compagnie d'assurances. Et il est vrai qu'il n'est pas du genre à s'esclaffer facilement. Pour lui, la vie, c'est du *sérieux*. Mais c'est aussi pour ça que je l'ai choisi : à trente ans, on ne peut plus continuer à faire comme si on en avait vingt. Pour ma part, j'estime qu'un couple qui dure est fondé sur le partage de valeurs, comme la responsabilité, la fidélité, l'engagement. Et le sérieux en fait partie ! Ce n'est pas l'avis de Caro, qui collectionne les histoires impossibles avec des hommes compliqués ou des gamins à peine sortis de l'adolescence. Moi, j'ai besoin d'être rassurée par l'homme avec qui je vis. Il me semble que c'est d'ailleurs ce que souhaitent la plupart des femmes au fond d'elles-mêmes, non ? Eh bien, cet homme, à la fois beau, fort *et* protecteur, je l'ai trouvé en Pierre-Laurent. Et le plus insupportable, c'est que je viens – peut-être – de flanquer tout cela par la fenêtre, à cause d'un geste un peu inconsidéré.

— Hahaa ! reprend Caro, en souriant d'un air lubrique, voilà qui va mettre un peu de piment dans votre relation… Si, toutefois, il revient…

Toc. Car je n'aime pas trop en parler, mais, avec Pierre-Laurent, sexuellement, disons que ce n'est pas encore « tout à fait ça ». Je ne sais pas vraiment pourquoi, mais, pour l'instant, ça ne me fait pas grand-chose, alors que, pour lui, à peine ça démarre que c'est quasiment terminé. Moi, je pense que ça va s'améliorer au fil du temps, mais pour Caro, « *it's a no-no !* », comme on dit dans notre jargon d'avocats. « Un homme pour qui tout est fini au bout de dix minutes, ça ne se fait pas. Dans trois mois, tu sautes sur le premier mec qui passe dans la rue », a-t-elle ricané, l'air fielleux, quand je lui ai avoué. J'ai compris ce jour-là que Caro déteste Pierre-Laurent. Je lui ai rétorqué qu'on ne pouvait pas tout avoir en même temps. Ce à quoi elle a répondu par un simple haussement d'épaules.

— Et alors ? Qu'est-ce qu'il a fait ? Vous n'êtes plus fiancés, j'espère ?

Eh bien, Pierre-Laurent s'était levé, dégoulinant de jus de framboise. Il avait ouvert et refermé la bouche, sans émettre un son. Puis il avait rageusement enfilé son imperméable et il était parti sans me jeter un regard. Depuis cette soirée, je n'ai aucune nouvelle de lui. J'imagine qu'il est rentré à son appartement, furieux et cramoisi – c'est le cas de le dire – et qu'il s'est longuement questionné sur la santé mentale de sa future épouse. J'avais failli prendre mon téléphone pour lui demander pardon, je ne sais pas ce qui m'a pris, c'est idiot, excuse-moi, reviens, non, je ne suis pas devenue folle tout à coup ! J'inventais alors mille excuses : le burn-out, une colite aiguë, trop de café, un collègue exécrable... Mais je n'avais pas osé l'appeler. Non seulement nous n'avions pas communiqué depuis cette soirée, mais surtout, franchement, je commençais à avoir des doutes sur mon équilibre psychique. Ma main avait simplement effleuré le téléphone, sans aller plus loin. Et je m'étais affalée sur le divan, devant *The Good Wife*, ma série préférée.

Le lendemain de la discussion avec Caro, j'ai décidé de me changer les idées en retournant à la fameuse librairie. J'avais juste envie de me replonger dans cette atmosphère feutrée et chaleureuse, et, pourquoi pas, d'en profiter pour regarder de plus près le manuscrit qui m'avait tant interpellée la veille. Mais que voulait dire cette phrase ? Contrairement à ce que m'avait dit Caro, je ne trouvais pas si malin de saboter ainsi ma relation avec Pierre-Laurent. Il fallait que je comprenne. Si tout avait un sens, ce que j'avais fait était sûrement explicable, d'une façon ou d'une autre... Le livre allait-il m'éclairer ? Je ne sais pourquoi, il me semblait qu'il pourrait peut-être m'aider à sortir de l'ornière dans laquelle je m'étais fourrée.

Me voilà donc dans le métro, en route vers le dix-huitième arrondissement. Et si mon impression n'était plus la même ? Si la boutique me paraissait différente aujourd'hui ? Bah, me dis-je, on verra bien. Après tout, ce n'est qu'une librairie ! Même si ce n'est pas tout à fait une librairie ordinaire... Il y règne une atmosphère inhabituelle, comme s'il pouvait s'y dérouler des événements surprenants, à l'instar de ces lieux magiques dont on garde la nostalgie longtemps après l'enfance. Mais je suis encore loin de me douter de ce que je vais y trouver.

En tout cas, le magasin est toujours là. Ouf, car, pendant une fraction de seconde, j'ai eu peur d'avoir tout inventé. Je pousse la porte et, immédiatement, je reconnais la musique, l'odeur, la lumière et ce quelque chose d'impalpable qui flotte dans l'air. Je cours vers le fond de la boutique à la recherche du grimoire. Je parcours les rayons, fouille, déplace : rien. Le livre n'est plus là. Je suis tellement déçue que je reste plantée là, immobile, sans réaction. Une jeune femme s'assoit sur un tabouret en face de moi. Une brune, avec un joli visage espiègle. Elle me regarde fixement. Tout à coup me vient l'idée qu'elle pourrait travailler ici.

— Bonjour, vous pouvez me renseigner ?

Elle sourit, de ce même sourire énigmatique que celui du vieil homme rencontré la veille. Je me surprends à comparer son expression à celle du lion sur la couverture. Bon, ça suffit, me dis-je, tu as trop d'imagination. Reviens à la réalité. C'est une simple vendeuse, pas un personnage sorti de Poudlard.

— Je vais essayer, en tout cas, promet-elle.

— Eh bien, en fait, je suis à la recherche d'un livre que j'ai remarqué hier et que je ne retrouve plus. Un livre avec une tête de lion…

Elle secoue la tête :

— Nous l'avons vendu ce matin.

— Mais vous en avez sûrement d'autres ?

Elle me regarde, apparemment surprise.

— Savez-vous ce que c'est que ce livre ?

Je ne sais quoi répondre. Je n'avais pas eu l'impression d'avoir entre les mains un ouvrage rare ou précieux. Je rétorque, intriguée :

— Ben, non. Il est spécial ?

— Oui, c'est ça, c'est un livre *spécial*. Elle prononce le mot avec précaution. Il a une histoire. Ce serait trop long à vous raconter… ajoute-t-elle comme à regret.

Puis elle chuchote, d'un air mystérieux :

— Il ne nous reste que l'exemplaire de M. Wolf.

— Et, c'est qui, ce M. Wolf ?

— M. Wolf, dit-elle, avec un léger accent de fierté dans la voix, c'est mon père.

— Mais ça tombe bien alors. Vous pouvez lui demander de me le prêter, peut-être ? Vous comprenez, dis-je en baissant la voix, j'ai juste besoin de vérifier quelque chose que j'y ai lu hier et qui m'a laissée un peu… sur ma faim.

— Je ne sais pas. Mon père y tient énormément. Je ne le vois pas prêter ce livre à une étrangère. Même si vous avez l'air tout à fait sympathique…

— Ah, c'est dommage. Bon, ben, tant pis. Bonne journée. Et pardon de vous avoir dérangée pour rien.

— Aucun problème. Revenez nous voir, nous avons plein d'autres livres très intéressants, me dit-elle en souriant.

En sortant, je suis un peu de mauvaise humeur de constater que ma démarche n'a pas abouti. Mais j'essaie de ne pas y accorder trop d'importance. Après tout, ce n'est qu'un livre. Probablement pas si terrible que ça, d'ailleurs. Je me suis inventé toute une histoire pour pas grand-chose. Allons, me dis-je, légèrement déçue, reprends-toi et quitte cet endroit. Tu n'as plus rien à y faire.

2

Dimanche matin, vers dix heures, j'étais encore au lit, en train de rêvasser devant ma tablette, lorsque le téléphone me tira de ma torpeur. J'entendis une voix de femme que je reconnus aussitôt, sans pouvoir mettre un visage dessus.

— Élodie Garnier ?

— Oui, c'est moi. Qui êtes-vous ?

— Je vous appelle de la librairie Tous les possibles. Vous avez oublié une pochette bleue chez nous, une espèce de dossier, avec la mention « confidentiel ». J'ai pensé que c'était important. Heureusement, j'ai vu votre nom et votre numéro de téléphone dessus. Vous pouvez revenir quand vous voulez. Je l'ai mis de côté dans mon bureau, bien à l'abri.

— Oh mince ! Je ne me suis aperçue de rien ! Écoutez, c'est vraiment très gentil à vous de m'avoir prévenue. Je vous en remercie infiniment. Je passerai dès que possible la semaine prochaine. Merci encore et très bonne journée.

— Je vous en prie. C'est tout à fait normal. À bientôt, alors !

Je ressentis une légère excitation à l'idée de retourner là-bas. Et, en même temps, une certaine contrariété : j'avais amené machinalement un dossier qui n'était pas censé sortir du cabinet. Qu'est-ce qui m'avait pris de le laisser traîner dans un endroit public où n'importe quel visiteur aurait pu tomber dessus ? Quelle horreur de faire preuve d'autant de négligence !

J'imaginai aussitôt la tête du boss en gros plan, penché sur moi, hurlant : « Garnier ! Vous êtes virée ! » Et je me vis, comme dans les films américains, escortée par deux sbires jusqu'à la sortie avec mon carton et mes objets personnels récupérés à la hâte, avant d'être jetée dehors. Mais non, le boss n'en saurait rien : j'allais récupérer le fameux dossier sans que personne ne remarque son absence. Cette perspective me rassura, mais je m'inquiétai, en revanche, de cet acte manqué : je n'étais absolument pas d'une nature distraite et je ne perdais habituellement jamais rien. Où avais-je la tête en ce moment ? Allez, me dis-je, arrête la psycho à deux balles. Tu feras un saut à la librairie lundi au lieu d'aller déjeuner.

Le soir même au téléphone, je racontai mon aventure à Caro qui soupira d'aise :

— Enfin, tu lâches un peu le contrôle ! Bon, y'a encore du boulot, mais ça y est, tu es sur la bonne voie.

Je trouvai sa réaction bizarre. Il n'y avait certainement pas de quoi se réjouir. En quoi prenais-je la bonne direction ? Pourquoi perdre un dossier confidentiel était-il une marque de progression ? Parfois, les commentaires de Caro me surprennent.

Pierre-Laurent, qui ne l'aime pas tellement, prétend que Caro me tyrannise et se permet beaucoup trop de choses avec moi. Ce n'est pas du tout ça, en réalité. Elle cherche souvent à me montrer que je suis trop exigeante avec moi-même et ne manque pas une occasion de me chambrer sur cette question. Et elle a raison la plupart du temps. La vérité, c'est que j'essaie de contrôler au maximum ce qui se passe dans ma vie, pour ne pas être prise en défaut. Je voudrais que tout le monde soit fier de moi — mes parents, mon boss, mon futur mari —, être toujours à la hauteur et ne jamais les décevoir. Pourtant, j'avais là, en moins d'une semaine, scié deux branches sur lesquelles j'étais jusqu'à présent confortablement installée. J'imaginais une cliente de la librairie à la recherche d'un livre sur la façon d'accommoder les paupiettes de veau, découvrant tout à coup le contrat Ferguson & Ferguson, perdu au milieu des recettes de cuisine. Je la voyais pousser un cri victorieux et s'empresser de divulguer à la concurrence toutes les clauses confidentielles que je m'étais donné un mal fou à rédiger. Il ne me vint même pas à l'idée que cette hypothétique lectrice aurait immédiatement refermé le tas de paperasses en soupirant d'ennui…

Après avoir pris congé de Caro, j'éteignis la lumière et me roulai en boule sous la couette. Mais je n'arrivai pas à trouver le sommeil : je remuais les événements récents dans ma tête. Pourquoi Pierre-Laurent restait-il silencieux ? Mon mariage était-il définitivement compromis ? Qu'allaient dire mes parents ? Il ne pouvait quand même pas m'avoir rayée de sa vie aussi vite que cela ! Oui, mais enfin, il y avait quand même de quoi ! Moi qui voulais juste le dérider et changer de sujet de conversation, j'y avais été un peu fort ce soir-là…

Je tournais et me retournais dans mon lit, de plus en plus énervée. Je finis par me lever d'un bond pour aller m'effondrer quelques mètres plus loin sur le divan. J'allumai la télévision et appuyai sur une chaîne au hasard. Je tombai sur *Bonjour chez vous*, une émission un peu « intello », où un jeune journaliste qui joue les Bernard Pivot invite toutes sortes d'écrivains connus et moins connus… J'écoutai vaguement leurs discussions et me laissai bercer par le ronronnement de leurs voix. Au bout d'une demi-heure, je me penchai vers la télécommande pour éteindre lorsqu'arriva l'invité surprise. J'écarquillai les yeux en le regardant s'installer derrière le micro. Je connaissais cet homme, c'est sûr, mais d'où ? Ce n'était ni un acteur, ni un politicien, ni un chanteur sur le déclin venu faire son comeback. Mais alors, qui était-ce ? Ce visage si particulier, cette intonation, ce sourire me rappelaient bien quelqu'un, mais qui ?

— *Monsieur Wolf*, nous sommes très heureux de vous recevoir ce soir ! Vous vous faites si rare sur les plateaux ! Le spécialiste des questions existentielles que vous êtes revient nous interpeller avec un nouvel ouvrage, qui résume toute votre carrière : *Et si la vie nous faisait signe ?* Pouvez-vous nous en dire un peu plus ? Comment ce sujet vous est-il venu ?

M. Wolf sourit, d'un air amusé :

— Eh bien, figurez-vous que, petit, déjà, je me demandais pourquoi nous vivions tel ou tel événement plutôt qu'un autre ! Y avait-il une logique sous-jacente ? Était-ce uniquement le fruit du hasard, comme on dit souvent ? Non, je sentais qu'une autre dimension était en cause, que tout se tramait quelque part *dans l'invisible*. Et qu'on pouvait y avoir accès, pour peu qu'on cherche à s'y relier. J'ai voulu explorer cette question passionnante qui ne m'a jamais quitté depuis ! Et puis, naturellement, j'ai souhaité partager mes réflexions dans ce livre pour permettre à d'autres d'avancer plus rapidement sur cette voie…

Il ajouta, malicieux :

— Vous savez, la vie est tellement plus intéressante quand on la décode mieux !

Je faillis tomber du divan : c'était *mon* M. Wolf ! J'avais été en contact avec une célébrité ! Mais que disait-il à propos du sens de la vie ? La fameuse phrase qui avait tant retenu mon attention me revenait d'un coup : *Tout ce qui vous arrive a du sens…* Il avait donc fondé son œuvre sur cette idée bizarre ? Et s'il disait vrai ? Non, ce n'était pas possible. On ne pouvait pas trouver du sens à tout ! Il y a tellement de choses déprimantes ou négatives : les attentats, le réchauffement climatique, les conflits internationaux, la pollution, la violence… Il suffit de regarder les gens dans le métro, aux heures de pointe, pour s'apercevoir que nous sommes quotidiennement plongés dans un monde en crise. Je trouvais qu'il n'y avait pas tellement de quoi se réjouir et y trouver du sens. Il allait falloir qu'il m'explique !

Ce qui me surprenait est qu'il avait l'air absolument sûr de lui : pas d'une façon désagréable d'ailleurs, ni arrogante. Non, il dégageait quelque chose de différent, de profondément ancré et tranquille. Comme s'il vivait dans un monde dont il n'avait pas peur. Il émanait de lui une telle quiétude que je me sentis étrangement troublée. Comment pouvait-il être aussi serein ? J'éprouvai tout à coup une sorte de découragement : c'est sûr, cette confiance-là, je ne l'avais pas. La preuve : je cherchais en permanence à tout mettre en coupe réglée dans mon existence. Mon travail, mon aspect physique, mon image, l'intérieur de mon appartement, j'avais toujours peur de laisser quelque chose m'échapper. Ma mère était pareille. Mais il faut dire que j'avais la chance d'avoir des parents exceptionnels. Ils semblaient toujours avoir réponse à tout. Je ne les avais jamais vus dépassés par quoi que ce soit. À tel point que je m'étais promis de les prendre pour exemple. Même si, parfois, j'avais du mal à tenir la comparaison. Tout cela, il faut bien l'avouer, était fatigant. Au fond, je n'étais jamais vraiment complètement sûre d'être à la hauteur.

M. Wolf interrompit ces pensées moroses :

— Mais oui, chacun de nous peut mener sa vie comme il l'entend. Il ne faut jamais oublier que nous avons une grande part de liberté, même si elle n'est pas illimitée : à nous d'en faire quelque chose de bon pour nous et pour le monde.

— Oui, mais comment ? C'est compliqué de nos jours, non ?

— Eh bien, c'est ce que j'explique tout au long de ce livre. C'est un chemin sur lequel j'invite chacun et chacune à une rencontre avec lui-même et avec la vie. Pour changer de point de vue, pour se défaire de ce qui l'entrave, pour se rêver autrement, pour se réaliser et s'accomplir. Ce que j'appelle *le parcours de réenchantement*.

Lorsque je me suis recouchée, quelque chose en moi s'était détendu. L'inquiétude avait disparu et je m'endormis facilement. Je rêvai qu'avec Pierre-Laurent nous embarquions à bord d'un tapis volant pour une contrée exotique, peuplée d'animaux sauvages et d'immenses plantes luxuriantes dont les fleurs étranges exhalaient de capiteux parfums. Bizarrement, ce tapis était équipé d'un téléphone à fil grâce auquel je pouvais continuer à communiquer avec Caro, restée en France. Je lui racontais mon voyage avec enthousiasme, lorsque je l'entendis questionner au bout du combiné :

— Hahaa ! *Luxure-riantes* ! Comme… luxure, par exemple ?

Je haussai les épaules et raccrochai. Quand je tournai la tête, Pierre-Laurent n'était plus là : j'étais seule sur mon tapis volant et je me demandai avec perplexité comment j'allais piloter cet engin charmant mais improbable.

3

— Ah oui ! Comme dans la vraie vie, quoi !

Au téléphone, coincée entre deux personnes dans l'autobus du matin, je racontais mon rêve à Caro. Sa réponse me laissa perplexe.

— Ben oui, c'est quand même vachement clair, non ?

— Qu'est-ce qu'il y a de clair là-dedans ? rétorquai-je, un peu agacée.

Caro soupira.

— C'est souvent plus facile à décoder pour quelqu'un d'autre, admit-elle. Écoute, voilà ce que je comprends : tu t'attendais à vivre avec Pierre-Laurent une vraie aventure sexuelle, du genre « laisse parler la bête en toi » où tu décolles un max (confère le tapis volant, les plantes, les animaux, les odeurs et tout le tremblement…) dans un climat plutôt joyeux (*luxure-riante*, quand même !). Mais, finalement, tu t'aperçois qu'il n'y a plus personne : le mec s'est barré ! En fait, il ne te suit pas du tout dans tes fantasmes : du coup, ça te fout en colère. Alors l'autre soir, tu t'arranges pour le virer, à coup de jus de framboise.

— En gros, ce que tu me dis, c'est que je l'ai fait exprès ?

— Avoue que ça se tient, non ?

Caro me faisait toujours marrer avec ses explications à deux balles. Ceci dit, elle avait du talent pour ça et son décryptage me troubla. Avait-elle raison ? *Avais-je vraiment voulu chasser Pierre-Laurent pour me venger ?* Je ne connaissais rien à l'interprétation des rêves et n'y avais jamais accordé de valeur particulière. Pour moi, cela relevait de la fantasmagorie. Mais là, c'est vrai qu'une partie de moi était frappée par le symbolisme des images et par la déduction de Caro. Son hypothèse semblait coller parfaitement… Mais non, elle exagérait, comme toujours : ça ne pouvait quand même pas être aussi limpide. D'ailleurs, si je voulais quitter Pierre-Laurent, c'était tout simple : je n'avais qu'à lui dire ! Non, Caro avait juste envie que je le largue car elle ne l'aimait pas. Voilà tout. Et n'importe quel prétexte aurait été bon pour abonder dans ce sens.

Je sortis du bus et marchai vers le cabinet en réfléchissant à notre conversation. Pour le coup, j'avais complètement oublié cette histoire de dossier confidentiel. Celui-ci me revint en mémoire, mais je le chassai très vite de ma tête. Pas de quoi s'affoler. Dans l'ascenseur, je tombai sur Oscar, l'un des collègues avec lequel je m'entendais le mieux. Un jeune avocat, soucieux de bien faire, très travailleur, qui passait sa vie au bureau. Nous avions même souvent imaginé qu'il y dormait. Oscar venait d'une grande famille, les Fayot de la Faverie. Et, naturellement, nous l'avions surnommé Fafa. Ce matin-là, Fafa m'adressa un « bonjour » un peu raide. Ça commençait bien ! Je lui rendis son bonjour, avec un sourire moqueur, sur un ton désinvolte :

— Comment allez-vous ce matin, très cher ?

Il tourna la tête vers moi et me lança, d'un air lugubre, en pointant un doigt vers le plafond :

— Le boss veut te voir dans son bureau im-mé-dia-te-ment.

Et il disparut hors de l'ascenseur, englouti par l'agitation qui régnait à l'étage n° 5.

Ma gorge se serra : on avait dû remarquer la disparition du contrat Ferguson & Ferguson, j'en étais sûre. Je sentis quelque chose se glacer en moi. J'attrapai aussitôt mon portable et renvoyai l'ascenseur au rez-de-chaussée illico. Il fallait que je respire. Et que j'établisse une stratégie de défense. Je risquais gros si Chauffessac s'était rendu compte de quelque chose. J'entendis la voix de Caro, en déplacement à Zurich, qui répondait à mon appel :

— Quoi, déjà ? On vient à peine de se quitter !

Je pris ma respiration et chuchotai :

— Je flippe. Je vais être virée. Je panique à donf' !

Je me rendis compte que je ne m'exprimais pas tout à fait comme d'habitude et que le résultat était légèrement ridicule. Je me ressaisis et lui racontai sans trop m'étendre que j'avais de nouveau commis un acte immature et que ce dernier allait probablement me coûter mon job. Caro essaya d'obtenir des détails mais je ne pouvais rien lui expliquer par téléphone. Je promis de la rappeler dès que j'aurais les idées plus claires. En attendant, je n'en menais pas large. Je n'osai même pas remonter au cabinet. J'avais tellement honte ! J'appelai l'assistante du boss et pris ma journée en prétextant une subite rage de dents.

Je me précipitai dans le métro. Je pestai contre la lenteur de la rame et le trajet jusqu'à Montmartre me parut interminable. Il fallait que je le retrouve, ce fameux dossier. Sans lui, je ne pouvais pas me présenter devant le boss. Je repensai aux débuts de notre collaboration. C'est dommage, quand même : tout avait pourtant bien débuté. Philippe Chauffessac m'avait immédiatement prise sous son aile lorsque j'étais entrée chez Fiche. J'avais beaucoup progressé grâce à lui. Je lui devais énormément. Mais, récemment, il avait changé. Il était devenu imprévisible, irritable et légèrement dépressif. Personne ne savait réellement pourquoi. Il devenait de plus en plus difficile de travailler avec lui et je n'étais jamais tout à fait à l'aise. J'avais toujours peur qu'il explose à la moindre contrariété et cette pensée me paralysait. Dans ces cas-là, je perdais totalement mes moyens et je mettais des jours à remonter la pente. Un peu comme une fourmi, peinant à gravir lentement les quelques mètres qui la séparaient de sa miette de pain, et brusquement fauchée en pleine ascension par un bras impitoyable. Ça, c'était le scénario catastrophe. Heureusement, il y avait des jours plus paisibles. Mais, pour le coup, cette dernière semaine, je m'étais souvent sentie à sa merci et ce n'était pas la perte du dossier qui allait arranger les choses. C'est avec cette pensée un peu dérangeante que j'arrivai devant la librairie. Elle était fermée pour inventaire !

Non, là, c'en était trop. Je balançai mon sac par terre et une partie de son contenu se répandit dans le caniveau. J'en avais marre, marre, marre… Pourquoi la vie me mettait-elle constamment des bâtons dans les roues en ce moment ? Je réalisai que j'avais besoin de réconfort et de soutien. Pas de me retrouver devant une porte close. Je m'assis sur les marches et me mis la tête entre les mains.

J'entendis un léger grattement qui me fit lever la tête. La fille de M. Wolf me dévisageait avec inquiétude à travers la vitrine. À côté d'elle se tenait un jeune homme brun, très mince, au regard mystérieux, qui me scrutait lui aussi avec une expression étrange. Je levai les mains en signe d'impuissance. La jeune femme me répondit avec un large sourire et m'invita à entrer. La porte s'ouvrit. L'homme qui se tenait à ses côtés s'était volatilisé comme par enchantement. Je me sentis bizarrement déçue par sa disparition.

— Vous, vous n'allez pas bien, dites donc !

— Non, hoquetai-je, je suis à bout…

— Oui, ça se voit. Venez donc vous asseoir à l'intérieur.

— Je ne veux pas vous déranger, vous n'êtes pas seule…

— Mais vous ne me dérangez pas. Sacha est parti, de toute façon, précisa-t-elle sans m'expliquer de qui il s'agissait. Je ne vais quand même pas vous laisser là, dehors, dans l'état où vous êtes. De toute façon, il faut qu'on vous rende votre truc. Et puis, papa veut vous voir.

— M. Wolf veut me voir ?

Je levai les yeux vers elle, incrédule.

— Oui : comme vous vous êtes intéressée de près au fameux livre, il vous en a trouvé un. D'occasion, précisa-t-elle.

Mon cœur bondit. Je me sentis un peu mal à l'aise qu'on me donne autant d'importance.

Elle dut s'en douter car elle ajouta :

— Vous savez, tous les gens qui entrent ici ont droit à un traitement de faveur. Vous avez vu le nom de la librairie ?

Je levai les yeux vers l'enseigne : *Tous les possibles*. Je souris intérieurement. La fille de M. Wolf me fit entrer et m'installa dans le bureau de son père, non sans m'avoir rendu au passage le dossier Ferguson & Ferguson, que je planquai dans mon sac avec soulagement. Brusquement, la porte s'ouvrit et l'homme que j'avais aperçu l'autre soir entra dans un tourbillon. Il s'avança vers moi, comme s'il voulait m'inviter à danser, et me tendit la main :

— Walter Wolf. Enchanté !

Ses yeux malicieux firent rapidement le tour de la pièce. Il me désigna un fauteuil et se dirigea avec une célérité déconcertante vers une petite table ronde.

— Voulez-vous un café ?

— Avec plaisir ! répondis-je, en essuyant d'un air détaché les quelques objets récupérés par terre à la hâte.

Il s'affaira quelques instants autour de la machine à café. Je pris le temps de le regarder de plus près. Il était plus petit que dans mon souvenir, mais aussi plus mobile. Je le sentis animé d'une énergie bondissante, impressionnante pour quelqu'un de son âge. Sa crinière blanche et ses gestes amples lui donnaient une allure royale, « à la russe ». Élégant, chaleureux, fantasque.

— Vous aimez jouer ? me demanda M. Wolf, en dispersant avec vivacité un jeu de cartes sur un petit guéridon en bois précieux.

— Heu, je ne sais pas... Je ne crois pas, répondis-je, un peu décontenancée par sa question.

— Hmmm, et moi, je crois que vous vous trompez ! dit-il en souriant légèrement. Attrapez donc une carte, comme ça, au hasard, sans réfléchir.

Ma main s'approcha, ralentit, et je fermai les yeux. J'effleurai les cartes et en fis sortir une du jeu. Je rouvris les yeux et attendis la suite.

— Retournez-la, s'il vous plaît.

Je m'exécutai. Apparut un curieux personnage, un pied suspendu par un fil, la tête en bas. Vêtu d'un collant rouge et d'une minijupe jaune, il arborait une expression tout à fait digne, qui ne cadrait en aucune façon avec sa posture et son accoutrement un peu ridicule. Les mains dans les poches, il se balançait ainsi, l'air de rien, entre deux troncs d'arbre. Ce n'était guère encourageant...

M. Wolf m'interrogea, en mettant en place le filtre à café :

— Vivez-vous des choses inhabituelles en ce moment ?

— Ah, ça oui ! C'est le moins qu'on puisse dire.

— Se pourrait-il que vous ayez besoin de changer de point de vue sur vous-même ? Et sur la vie en général ? De voir tout cela autrement ?

Je réfléchis.

— En réalité, je suis complètement perdue !

— C'est magnifique, répondit-il d'un ton encourageant. Alors, vous êtes au bon endroit.

Sa réponse me fit penser à ce que Caro m'avait dit il n'y a pas si longtemps. Je commençais à être un peu agacée que d'autres puissent évaluer mieux que moi ce qui m'arrivait.

— Vous avez la tête à l'envers, expliqua-t-il en me montrant la carte, mais ce n'est pas nécessairement négatif : peut-être en avez-vous besoin ? Pour transformer quelque chose qui vous pèse, par exemple ?

Je ne comprenais pas, mais, curieusement, ce qu'il disait créait en moi une étrange résonance.

— Mais c'est quoi ce jeu ?

— Un tarot de Marseille, tout simplement. Vous savez, dit-il d'une voix rassurante, il ne s'agit pas de prédiction. Il est question dans ce petit exercice de vous aider à sentir ce à quoi vous êtes confrontée dans votre vie en ce moment. Et cela, à travers le choix d'une image qui va vous parler de ce qui se passe à l'*intérieur* de vous. Là, par exemple, la carte que vous avez tirée s'appelle le Pendu. Elle évoque le lâcher-prise.

Je restai sans voix. Il hocha la tête :

— Vous vous demandez comment une image tirée au hasard pourrait vous parler de vous !

— Oui, en effet.

M. Wolf répondit par cette phrase étonnante :

— Parce que tout est relié.

Puis il ajouta, en me servant un café :

— Mais n'allons pas trop vite : pourquoi êtes-vous là aujourd'hui ?

Je lui racontai en détail la rencontre avec le livre et le contrat oublié.

— Je vous ai déjà vue, n'est-ce pas ? Vous êtes venue la semaine dernière et vous avez quitté le magasin un peu contrariée ?

— Oui, c'est bien ça.

Je lui relatai alors la fameuse phrase qui m'avait tant surprise.

— Moi, je fais des choses qui n'ont aucun sens en ce moment. Et je tombe là-dessus ! Comprenez que ça m'agace.

Il plongea ses yeux perçants dans les miens pour me tester :

— Et si la vie vous avait envoyé un message ?

Tout à coup, je pris peur : et si j'étais tombée dans une secte ? Ce Wolf, pouvait-on lui faire confiance ? Bon, d'accord, il passait à la télé, mais encore ? Et s'il était en train de m'embobiner, avec son tarot et ses discours fumeux ?

— Bien sûr, répondis-je ironiquement, la vie me parle ! Et je hochai la tête d'un air entendu. Je le regrettai aussitôt.

— Oui, acquiesça-t-il avec douceur. La vie vous parle, Élodie, comme elle nous parle à nous tous. Mais nous ne l'entendons pas toujours. Et vous savez pourquoi ? Parce que nous ne le *savons* pas.

Il attendit quelques minutes et ajouta :

— Je vais vous faire un cadeau si vous voulez bien. Rassurez-vous, je ne vous demande rien en échange.

Il disparut quelques minutes et je restai seule dans la pièce. Son bureau ressemblait à la librairie : il émanait de l'endroit une atmosphère de confort et de joie. On sentait que la personne qui travaillait là aimait la vie. D'ailleurs, on avait l'impression que M. Wolf entretenait avec elle une relation amoureuse. Rien de tout cela ne pouvait vraiment être dangereux. Ça donnait plutôt envie d'essayer pour voir... Lorsqu'il revint, il me tendit avec précaution un paquet au papier d'emballage rouge et soyeux.

— Prenez-en soin ! Je vous l'offre. Puisse ce livre illuminer votre chemin.

Il me fit un clin d'œil :

— Vous verrez. Il vous surprendra.

— M. Wolf, je… je ne sais pas comment vous remercier… balbutiai-je, en ouvrant le paquet rouge. À l'intérieur apparurent la tête de lion et le titre que je n'avais pas remarqué la première fois : *Manuel de réenchantement*. J'étais émue : cet homme me voyait pour la seconde fois et m'offrait un cadeau, comme ça, *gratuitement*. Et, de plus, un livre qui avait une valeur tout à fait particulière. Je caressai la couverture délicatement. J'étais sous le charme du moment. Je brûlais d'envie de rentrer chez moi et de me plonger dans le manuscrit.

M. Wolf le devina et me raccompagna vers la sortie avec un grand sourire :

— À très bientôt. Nous nous reverrons. Revenez quand vous voulez discuter avec moi.

Je savais qu'il disait vrai et que nous allions nous revoir. Lisait-il l'avenir ? Tout était possible avec lui ! Il semblait doté d'une intuition exceptionnelle. Pour lui, l'être humain n'avait pas de secret, j'en étais sûre. À peine installée dans le métro du retour, j'ouvris la petite carte qu'il avait ajoutée à mon attention : « *Vous êtes importante. Ne laissez jamais personne vous en faire douter. Bienvenue sur les chemins du réenchantement.* »

4

APRÈS TOUT CELA, COMMENT RETOURNER travailler ? J'avais bien fait de prendre ma journée ! Ça me permettait aussi de ne pas affronter tout de suite mon boss. À peine arrivée chez moi, je me jetai sur mon cadeau. J'ouvris la première page et lus l'introduction :

Imaginons que la vie ait un sens et qu'elle soit en relation avec un ordre sous-jacent, mystérieux et invisible. Que ce sens et cet ordre nous soient accessibles, pour peu que l'on prenne les moyens de s'y relier. Que notre tâche soit d'être nous-même, le mieux et le plus complètement possible, en accord avec ces dimensions voilées. Cette quête — universelle et singulière à la fois — commencerait dès le jour de notre naissance et nous mènerait, à travers ce que nous vivons, vers la réalisation de notre désir profond, en lien avec ce que l'univers nous incite à devenir.

J'avoue que je me sentis un peu déçue. Je m'attendais à quelque chose de plus précis, de plus concret. De plus, je n'étais pas particulièrement d'accord avec ce texte. Notre tâche, à mes yeux, était d'être une source de fierté pour nos proches, et non pas de nous préoccuper uniquement de notre propre désir. Je repensai à la carte du tarot qui m'incitait au changement. Mais je ne voyais pas du tout ce qu'il fallait que je change ! Lâcher prise, mais pour faire quoi ? J'avais déjà perdu les pédales avec Pierre-Laurent et cela ne m'avait rien apporté de bon… À vrai dire, le sens de ce paragraphe m'échappait et cela m'agaçait un peu.

Je continuai à tourner les pages. Le livre était beau, c'était indéniable. Il s'en dégageait une certaine poésie. Le papier précieux, les images magnifiques : tout invitait à entrer dans un autre monde. Mais, franchement, on ne voyait pas du tout comment s'y prendre ! Le texte du début était suivi par un « mode d'emploi » que je consentis, tout de même, à lire avec attention :

Ce livre est une promenade, un itinéraire qui n'appartient qu'à vous. Pour le suivre, il suffit de l'ouvrir au hasard : le texte que vous lirez vous concernera personnellement. Il sera en lien avec vos questionnements du moment, vos soucis ou vos préoccupations cachées « sous la surface ». Il vous proposera des pistes pour transformer ce qui vous pèse, clarifier votre situation et retrouver votre chemin.

Tout cela ne m'éclairait guère plus. Je laissai tomber en levant les yeux au ciel. Franchement, comment faire confiance à ce livre ? Comme s'il pouvait savoir ce dont j'avais besoin ! C'était totalement idiot. De toute façon, je n'avais pas vraiment de problème. Pierre-Laurent allait forcément revenir. En tout cas, je tentais de m'en persuader. Quant à l'incident au travail, il se réglerait sans doute sans trop de dommages pour peu que j'arrive à le gérer correctement... Mais, en réalité, je n'étais qu'à moitié convaincue par ce discours que je voulais rassurant.

Il fallait que je m'active pour me changer les idées. Je décidai de trier mes placards. Il restait des cartons de mon déménagement auxquels je n'avais pas touché depuis cinq ans.

Cinq ans déjà... C'était la première fois depuis des mois que je repensais à cette époque. Et pour cause : ça n'avait pas été si facile de quitter mes parents. J'avais vécu chez eux jusqu'à la fin de mes études de droit, même si je sortais aussi beaucoup, bien sûr. Et il m'avait fallu du courage pour m'envoler hors du nid familial. Mon père m'y avait d'ailleurs poussée en me faisant comprendre avec tact que j'étais prête à vivre ma vie. Et que ce serait bien si je me détachais de ma mère. Nous avons un peu pleuré l'une et l'autre, mais, finalement, j'ai pris de la distance et je crois que cela leur a fait du bien de se retrouver seuls, tous les deux. Mon travail chez Fiche m'a, dès le début, beaucoup accaparée, et je n'ai pas vraiment eu le temps de ressentir les effets de la séparation. J'ai tout de suite plongé dans le grand bain.

C'est aussi à ce moment-là qu'Adrian est entré dans ma vie. Pour six mois et sept jours, pas un de plus. Adrian était mon premier vrai grand amour. Je l'avais rencontré à un concert de rock où il se produisait avec son groupe, The Popsicles. Il chantait, jouait de la guitare et composait les textes et la musique. Son look de pop star, sa liberté, son côté dandy : tout en lui me fascinait et m'inquiétait en même temps. Mais ça n'a pas collé entre nous deux, malheureusement. Je crois que j'étais beaucoup trop sage pour lui. Il m'a plaquée du jour au lendemain et ne m'a plus jamais donné de nouvelles. J'ai eu énormément de mal à m'en remettre. Il m'a fallu au moins un an avant de pouvoir en parler à quelqu'un. Et aujourd'hui encore, quand j'y pense, une boule de tristesse m'envahit…

Je préférai chasser rapidement ce sujet de mon esprit. Tout à coup, je dénichai tout au fond du placard de ma chambre une petite boîte en bois précieux. C'est là que j'avais entassé de vieilles photos d'époque. Allais-je l'ouvrir ? J'hésitai un instant. Je ne voulais pas que cela me mette le moral à zéro. Il valait mieux le faire en compagnie de Caro. Quel que soit ce que j'allais y trouver, avec elle, le rire l'emporterait sur le reste. Soudain, ma pensée me ramena au livre de M. Wolf : et si j'essayais de l'interroger, après tout, juste pour voir ? Que pourrait-il m'apprendre sur ces vieux souvenirs qui remontaient à la surface ? Allons-y, me dis-je, je ne risque pas grand-chose…

Je sortis le livre de la bibliothèque où je l'avais soigneusement rangé et fermai les yeux. Je pris une grande respiration et l'ouvris au hasard, sans réfléchir. Au moment même où j'allais regarder la page sur laquelle j'étais tombée, la sonnette retentit. « C'est pas vrai ! » pestai-je, en silence. Je me dirigeai vers la porte d'entrée et collai mon œil sur le viseur. Un homme grand, l'air manifestement agacé, me regarda droit dans les yeux. J'ouvris à regret, non sans méfiance.

— Oui ? C'est pourquoi ?

— J'suis votre voisin du dessous. Ça coule de chez vous !

Je le regardai, sans comprendre :

— Ça coule ? répétai-je, sans conviction.

Il rugit :

— Ben oui ! Ça *coule* de chez vous…

Il leva les mains au ciel en signe d'énervement. Puis, contre toute attente, il sourit. D'un air espiègle qui le rajeunit aussitôt de dix ans.

— Ah, je suis désolée, bredouillai-je, je n'ai rien vu.

Je fronçai la bouche, espérant que cette expression mutine attendrirait mon interlocuteur. Visiblement, cela n'eut pas l'effet escompté car son sourire s'évanouit sur-le-champ.

— Vous m'réglez ça vite fait, hein ?

Je marmonnai quelque chose d'inintelligible. Il n'attendit pas la fin de la phrase et disparut dans l'escalier.

Je filai dans la salle de bains et constatai qu'une des canalisations était effectivement légèrement fissurée. L'eau s'était répandue un peu partout au sol et avait fini par infiltrer l'appartement du dessous. J'appelai le plombier de la résidence. Pas du tout sympathique, le voisin, pensai-je. Une sale tronche, même. Je me repris intérieurement. Après tout, il avait de quoi être désagréable, vu les circonstances. Mon mari passera demain, mademoiselle Garnier, m'assura Mme Baptista, la femme du plombier. Eh bien, c'est parfait, soupirai-je, un peu lasse.

Je retournai dans le salon. Le livre était ouvert là où je l'avais laissé. Sur la page de gauche, je reconnus une très belle photographie en noir et blanc qui représentait le baiser de Psyché, par Canova, exposé au Louvre. Je la connaissais : c'était l'œuvre d'un grand photographe allemand des années 1920, Dieter von Gutenborg. Mais, plus encore que la photo, ce qui me frappa, c'est la légende inscrite en petits caractères :

L'impossible n'existe pas. Il n'est qu'une invention de l'inconscient pour vous empêcher de réaliser qui vous êtes. Si vous croyez vraiment à quelque chose, et si cela est juste pour vous, alors vous possédez le pouvoir de le rendre réel.

Le texte m'atteignit en plein cœur. Pendant toute ma relation avec Adrian, le mot « impossible » avait résonné en sourdine comme une petite musique de fond, irritante à souhait. Comme si cette histoire était vouée à l'échec depuis le début. Je n'avais jamais compris pourquoi j'avais ressenti ça. Or, le livre évoquait l'endroit précis où je m'étais sentie bloquée dans mon élan amoureux. C'était quand même bizarre ! Était-il vraiment plausible qu'il me parle à moi, directement ? Mais d'où ? Et si l'impossible n'existait pas, pourquoi l'avais-je ressenti, moi ? Je croulais sous les questions et je me sentais de plus en plus comme un chien dans un jeu de quilles. Peut-être Caro pourrait-elle m'éclairer ? Mais elle était en déplacement à Londres toute la semaine. Nous n'avions pas prévu de nous voir avant lundi prochain. Tant pis, j'attendrai. Et M. Wolf ? Lui qui semblait tout savoir ? Est-ce qu'il fallait que je retourne discuter avec lui comme il me l'avait proposé ?

Non, pour le moment, mieux valait continuer à lire : le fameux ouvrage n'était-il pas censé me prodiguer de précieux conseils ? Peut-être… mais à quel prix ? Avais-je réellement envie d'aller plus loin ? De me replonger dans cette histoire au risque de réveiller ce que j'avais déjà eu tant de mal à enfouir ? Non, je sentais que ce n'était pas le moment. J'étais encore trop fragile. Je rangeai donc le livre à sa place et me préparai à sortir prendre l'air. J'en avais bien besoin.

5

Mardi matin, toujours aucune nouvelle de Pierre-Laurent. Son silence commençait à m'angoisser : peut-être était-ce vraiment fini de son côté ? Je décidai de le rappeler mercredi s'il ne s'était toujours pas manifesté. Je m'excuserai platement et tenterai de rafistoler les choses – si toutefois c'était encore d'actualité. Cette bonne résolution diminua un peu mon inquiétude. Quant à Philippe Chauffessac, je ne pouvais plus lui échapper à présent : il m'attendait dans son bureau. J'avais décidé de ne pas stresser et de m'expliquer calmement. Je me dirigeai vers le fond du couloir et frappai délicatement à sa porte.

— *Yes ?*

Je passai la tête :

— Bonjour, Philippe, vous vouliez me voir ?

— Ah ! Miss Garnier, enfin !

Il m'invita à entrer avec un grand sourire où je ne décelai aucune ironie.

— Alors, comment va ?

— Je vais mieux, Philippe. Merci.

Il farfouilla dans ses dossiers et releva la tête, hilare.

— Bon, alors… heu… Expliquez-moi ce qui s'est passé avec Brian Kordok.

Je le regardai avec étonnement. Je m'attendais à ce qu'il embraye tout de suite sur Ferguson & Ferguson… Était-ce une stratégie pour me mettre à l'aise ? Il était plutôt direct d'habitude et ne prenait jamais de gants quand il avait quelque chose à dire. Il toussota et ajouta :

— Alors ? Il y a eu un peu de mou… ?

Je n'avais aucune idée de ce qu'il voulait dire. C'est Fafa qui s'occupait du « cas Kordok » et nous l'avions suffisamment charrié avec ça pour que je m'en souvienne. Pourquoi Philippe Chauffessac faisait-il mention de Kordok en ma présence ? Je n'avais rien à voir avec lui.

— Vous avez perdu la main ?

De mieux en mieux. Je ne comprenais rien du tout à son discours décousu.

— Philippe, je ne travaille pas sur ce dossier, vous faites erreur.

Il éclata de rire. Je n'en revenais pas : cela ne lui ressemblait pas du tout. L'idée me traversa qu'il était peut-être en état d'ébriété, mais vu l'heure, c'était tout à fait improbable.

Il s'affala sur son bureau et se passa la main dans les cheveux. Il était hirsute. J'eus beaucoup de mal à garder mon sérieux.

— Allez, ça ira mieux demain !

Puis, il hoqueta :

— On ne va pas se fâcher pour si peu, hein !

Je ne répondis rien. Il me fit un énorme clin d'œil.

Je sortis de la pièce précipitamment. Il n'était pas du tout dans son état normal, c'était clair. Mais que lui arrivait-il ? En même temps, j'étais plutôt soulagée qu'il n'ait pas mentionné le dossier Ferguson. Je me demandai s'il avait eu d'autres entretiens ce matin et si quelqu'un avait remarqué quelque chose d'étrange dans son comportement. Je questionnai son assistante, innocemment :

— Claire, tu ne trouves pas Philippe un peu fatigué, ces temps-ci ?

Claire me lança un regard noir :

— Fatigué, lui ? C'est moi qui suis fatiguée, si tu veux savoir.

Je battis en retraite. Visiblement, elle n'était pas d'humeur à discuter de l'état de son patron. Je retournai dans mon bureau, perplexe. Je n'avais encore jamais vu quelqu'un dans cet état et j'hésitai entre le rire et une légère appréhension. Fallait-il s'inquiéter ? En parler ? Mais à qui ? Pour dire quoi, d'ailleurs ? Je pris mon téléphone et composai le poste de Fafa :

— Fafa, c'est Élodie. Il faut que je te voie.

Fafa s'étrangla :

— Ah non ! Pas maintenant !

— Si, je t'assure, c'est urgent. C'est à propos de Kordok…

— Kordok ? Qu'est-ce qu'il a fait encore celui-là ?

— Philippe m'a parlé de lui comme si c'était moi qui gérais le dossier. Tu es au courant ?

Fafa rappliqua immédiatement. Il avait l'air inquiet, mais tout ce qui touchait à son territoire le rendait nerveux.

— Qu'est-ce que tu me racontes ?

— Écoute, je sors de chez le boss et il m'a dit des trucs incompréhensibles : entre autres, qu'il y avait eu du « mou » avec Kordok. Qu'est-ce que je suis censée piger ?

Fafa me regarda avec attention. Il pencha la tête de côté, exactement comme mon chat. Ce que j'aimais le plus chez lui, c'est qu'en dehors de son côté bourreau de travail il était extrêmement intelligent et très doué pour clarifier n'importe quelle situation.

— Il a dit des choses bizarres ? questionna-t-il en scrutant les ongles de sa main gauche.

— Oui, je n'ai rien compris... Je me suis demandé s'il n'avait pas un peu picolé.

Il tressaillit légèrement et son regard devint plus sombre. Je compris qu'il avait déjà vécu quelque chose du même genre.

— Élodie, tu n'as rien vu. Et tu n'en parles à personne, OK ?

— Quoi ? Qu'est-ce que ça veut dire, Fafa ? Tu l'as déjà vu comme ça ? Tu sais ce qui se passe ?

Fafa mit un doigt sur sa bouche et secoua la tête :

— Rien, tu m'entends : *rien* ne doit filtrer de ce que tu as vécu là. Oui, je l'ai déjà vu comme ça. Et pas qu'un peu ! Non, je ne sais pas du tout ce qui se passe. Restons discrets, Élodie. Évitons le pire. Tu me suis ?

Et sur ces mots, il sortit de la pièce, l'air mystérieux.

Je me sentis soudain très seule. L'idée même que mon boss se mette brusquement à disjoncter m'était profondément désagréable. Même si, de temps en temps, il passait un peu ses nerfs sur nous, il n'avait jamais perdu à ce point les pédales. Pas *mon* Philippe Chauffessac que je considérais comme mon mentor. Et Caro qui n'était pas là ! Je me mis au travail, mais le cœur n'y était pas. Le boss avait besoin d'aide, cette fois. Et sérieusement. En réalité, je ne voyais qu'une seule personne capable de me guider sur la conduite à suivre. Et puisqu'elle me l'avait proposé, je décidai de sauter sur l'occasion. Je cherchai donc dans mon sac la petite carte de M. Wolf où figurait son numéro de téléphone, et le composai avec une légère anxiété. J'avais un peu peur de le déranger en plein travail.

Sa voix profonde et pleine d'entrain me parvint dans l'oreillette.

— *Hello !* Walter Wolf, ou plutôt son répondeur. Dites-moi ce qui vous amène jusqu'à moi et si vous souhaitez que je vous rappelle.

— Monsieur Wolf, bonjour, c'est Élodie Garnier. Je… (soupir)… Ça me ferait du bien de vous voir. Est-ce que vous pourriez me rappeler si vous avez un moment à m'accorder ? Je vis des choses étranges et je ne sais pas à qui en parler. Ou plutôt, j'ai *envie* de vous en parler à *vous* ! Merci et à bientôt, j'espère.

Je raccrochai. Maintenant, il me fallait attendre. Mais le simple fait d'avoir été en contact avec sa voix m'avait calmée. Je dois faire un *transfert*, pensai-je. Je savais bien pour l'avoir souvent lu dans les journaux féminins qu'on pouvait rapidement investir un psy ou quelqu'un de ce genre d'un pouvoir un peu magique. Bien sûr, M. Wolf n'était pas mon psy, mais j'avais confiance en lui. Au fond, c'est ça qui était important. Transfert ou pas, j'avais trouvé quelqu'un qui semblait fiable et de bon conseil. Et qui, j'en étais sûre, pourrait m'aider à prendre du recul sur les événements que je vivais.

Le reste de la journée se déroula normalement. Je travaillai d'arrache-pied car j'avais pris du retard et ne voulais pas me retrouver submergée. Lorsque je regardai ma montre, il était déjà vingt et une heures. Quelques collègues étaient encore sur place. Chez nous, comme dans tous les cabinets d'avocats d'affaires, il n'est pas rare de voir des bureaux occupés jusqu'à une heure avancée. Je décidai néanmoins que j'en avais fait assez pour aujourd'hui. Et si je rentrais à pied ? Après tout, personne ne m'attendait. Et je n'avais pas particulièrement faim. Cela pourrait même me détendre. Je m'engouffrai dans l'ascenseur. Tout allait rentrer dans l'ordre, essayai-je de me persuader. Dans la rue, le vent me fouetta le visage. Il pleuvait légèrement. J'aime beaucoup marcher dans Paris la nuit. Je m'attardai devant les vitrines éclairées des boutiques de vêtements en pensant à ma robe de mariée avec un léger pincement au cœur. Mon portable me tira de ma rêverie : c'était M. Wolf, lui-même.

— Élodie, j'ai eu votre message. Je vous invite à dîner mercredi, ça vous va ? Venez à la maison. Nous pourrons discuter tranquillement sans être dérangés.

— Ah, Monsieur Wolf, oui, c'est parfait ! Merci ! Puis-je vous ramener quelque chose ?

— Surtout pas. Venez vers vingt heures. 8, rue de Richelieu.

Je me sentis un peu mal à l'aise lorsque nous prîmes congé. J'avais appelé au secours un homme qui traitait probablement de sujets beaucoup plus importants que ce que j'allais lui exposer : qu'allait-il penser de moi ? Avais-je eu raison de m'adresser ainsi à un auteur connu, à une espèce de sommité ? Je risquais de ne pas être à la hauteur. Et puis, il m'invitait chez lui à dîner alors que je le connaissais à peine. Comment savoir si j'étais en sécurité ? Peut-être avait-il une autre idée en tête que celle de « discuter tranquillement » ? Je me mis à regretter de l'avoir sollicité. Je n'allais quand même pas y aller avec Caro ! Elle n'était pas là, de toute façon. Mais non, j'étais en train de me monter la tête. M. Wolf n'avait rien d'un obsédé sexuel. Il n'avait pas vraiment usé de son charme avec moi, même si j'avoue que je le trouvais encore séduisant à son âge. Et puis, il aurait pu largement être mon père…

De toute façon, c'était trop tard. J'avais dit oui. Je m'en voulus d'avoir été aussi impulsive. Cela m'arrivait souvent de me lancer ainsi sans réfléchir, et, après coup, je me mettais à douter. N'allais-je pas déranger les gens ? Et si on ne me trouvait pas assez intéressante ? Ce qui ne manquerait pas d'arriver, mercredi, j'en étais sûre. M. Wolf, à peine aurait-il fait plus ample connaissance avec moi, regretterait immédiatement de m'avoir invitée. Eh bien, tant pis, tentai-je de me rassurer. Au pire, je passerai une mauvaise soirée et lui aussi. Je rentrai chez moi en ruminant tout le long de la route. Heureusement, j'avais ma série préférée pour me changer les idées avant d'aller me coucher.

6

Mercredi, je repris le chemin du bureau en traînant un peu les pieds. J'y trouvai l'atmosphère tout à fait normale et je fus soulagée. En revanche, la perspective d'aller dîner chez M. Wolf me semblait de moins en moins alléchante. J'avais peur de me rendre ridicule. Comment annuler sans me montrer impolie ? Je cherchai des idées pour échapper à cette soirée mais n'en trouvai aucune. Mon hôte n'était pas du genre à gober n'importe quoi, de toute façon. Il m'en voudrait de me défiler ainsi à la dernière minute. Autant y aller. D'ailleurs, j'apprendrai peut-être quelque chose d'utile : c'est bien pour cela que je l'avais sollicité !

Je planchais sur un dossier particulièrement compliqué lorsque mon téléphone m'annonça un texto. J'y jetai un coup d'œil rapide. C'était Yvonne, la mère de Pierre-Laurent : « *À quand un déjeuner toutes les deux ? J'attends votre appel. Yvonne de SM.* »

Ce texto me mit immédiatement très mal à l'aise. À tous les coups, Pierre-Laurent lui avait rapporté ce qui s'était passé l'autre soir. Dieu sait quelle image elle avait de moi, à présent ! Je pris peur : comment allait-elle réagir ? Car, sous ses airs de grande bourgeoise chic, Yvonne était un dragon qui ne laissait rien passer. Je la savais capable de tout. Ancienne avocate renommée du barreau de Paris, elle menait sa vie de main de maître et veillait sur son fils adoré comme sur la prunelle de ses yeux. Avec ce que j'avais fait subir à celui-ci, elle allait me réduire en bouillie. Comment réussir à me justifier ? Que pourrais-je bien invoquer pour susciter sa clémence ? J'allais être dévorée toute crue ou, pire, réduite en cendres par les flammes du dragon…

Il fallait que je me remue pour évacuer le stress car je n'en menais pas large. Je décidai donc de faire un *break* et d'aller me chercher un café. Je me dirigeai vers notre petit *coffee corner* joliment décoré de plantes vertes et de photographies modernes, toutes soigneusement choisies par Philippe Chauffessac, grand amateur d'art contemporain. J'y croisai Fafa, agenouillé devant la machine à café. Il tentait désespérément de faire descendre un gobelet, en introduisant les doigts dans le conduit de l'appareil. À ce moment précis, le liquide se mit à couler. Fafa poussa un cri sourd et proféra un juron qui ressemblait à *Phoque et Chite*. Je faillis éclater de rire, mais ce n'était pas le moment de me mettre à dos l'un de mes collègues préférés. Je n'avais pas perdu l'espoir de lui soutirer de plus amples informations sur Philippe et il fallait que je ménage sa susceptibilité légendaire. Je fis donc comme si de rien n'était et lui adressai un sourire aimable. Il me lança un regard noir tout en essayant de trouver de quoi s'essuyer. À ce moment précis, le boss surgit, l'air guilleret, accompagné d'un de nos clients les plus importants. Il s'adressa à Fafa et lui désigna l'homme qui était à ses côtés, d'un geste exagérément appuyé. L'image de Belmondo dans *Le Guignolo* me traversa furtivement l'esprit.

— Ah, cher Oscar ! Vous êtes là. Ça tombe à pic : je vous présente Bertrand de la Toupinière, tout frais débarqué chez nous. Vous allez me le soigner, nan ?

Je sursautai. Fafa, lui, ouvrit la bouche et émit une espèce de raclement de gorge étouffé. Nous échangeâmes tous les deux des regards consternés. En réalité, celui que mon boss venait de nommer ainsi n'était autre que Bertrand de la *Haute Pinède*, un grand industriel dont le cabinet traitait les dossiers depuis au moins dix ans.

Le fameux Bertrand fit semblant de ne rien remarquer et resta impassible. Il se tourna vers Fafa et lui tendit la main, le plus cordialement du monde, sans manifester aucun signe d'étonnement. Fafa s'exécuta, les doigts poisseux et le visage rouge de confusion. La scène était totalement ridicule. Je choisis de m'éclipser vers mon bureau sur la pointe des pieds. Je n'osai me retourner qu'une fois au bout du couloir. De loin, je vis Philippe Chauffessac onduler nonchalamment du bassin, les bras levés au-dessus de la tête. Non, cela ne s'était pas calmé. Bien au contraire. Le voilà qui dansait le hula hoop, en pleine journée. Je me demandai ce que Fafa pensait de tout ça…

Je me calfeutrai dans mon bureau le reste de la journée, en épluchant toutes les hypothèses. Philippe avait peut-être eu un petit accident vasculaire ? Ou alors il buvait. Ou il prenait des médicaments euphorisants qui le mettaient dans un état second. Je me remémorai le jour où Caro avait pris des cachets contre le rhume, sans trop faire attention à la dose : allez, hop, j'en prends trois d'un coup, m'avait-elle dit en riant, le matin même, au téléphone. Elle était arrivée très en retard au cabinet, dans une tenue que j'avais soupçonné être son pyjama. Elle s'était déchaussée en râlant et avait rageusement balancé ses mocassins dans la première poubelle venue. Elle s'était ensuite attaquée à un client qui passait par là et lui avait quasiment arraché sa cravate. On avait dû s'y mettre à plusieurs pour l'évacuer car elle se débattait dans tous les sens en criant « C'est moche, hahaha, qu'est-ce que c'est moche, mon pauvre vieux… ». L'équipe commerciale avait essayé de réparer les dégâts en offrant au client une croisière de luxe. Mais il avait décliné la proposition et ne remit plus jamais les pieds chez nous. L'incident avait été prudemment étouffé par Philippe Chauffessac qui aimait trop Caro pour la virer. Peut-être Philippe était-il lui aussi sous l'emprise de substances désinhibantes. Mais cette hypothèse ne me rassura qu'à moitié : dans ce cas-là, nous risquions fort d'assister à de nouvelles frasques, encore beaucoup plus alarmantes…

Lorsque vint le soir, j'étais finalement heureuse de pouvoir changer de contexte et d'aller dîner chez quelqu'un de « normal ». Même si le terme n'était pas tout à fait approprié, compte tenu de l'excentricité de mon hôte. Je pris l'autobus et descendis près de la rue de Richelieu. J'arrivai au numéro 8 et pénétrai dans un grand immeuble ancien. Je remarquai plusieurs grandes plaques dorées, dont une avec une petite tête de lion gravée : *Cabinet de réenchantement. Katarina & Walter Wolf.* Ah! M. Wolf était marié. Tant mieux. Je sonnai et montai au quatrième, sur les indications de Walter.

Celui-ci ne s'embarrassa pas de mondanités inutiles. Comme à son habitude, il me reçut en virevoltant et m'expliqua qu'il avait encore un coup de fil à passer. Il me fit asseoir dans un grand fauteuil, et, pour me faire patienter, me tendit une feuille et une boîte de crayons de couleur.

— Allez-y, Élodie : lâchez-vous!

— Je ne comprends pas, monsieur Wolf, qu'est-ce que je dois faire ?

Il sourit.

— Vous ne devez rien *faire*, Élodie. Je vous donne juste un espace pour faire ce que vous voulez, en toute liberté, en attendant que je revienne : qu'est-ce que ça vous inspire comme envie ?

Je souris à mon tour, même si, à l'intérieur, je commençais à paniquer.

— Je fais ce que je veux, c'est ça?

— Exactement! Vous faites entièrement ce que vous voulez…

Sa proposition me plongea dans la plus grande perplexité.

Je regardai la feuille blanche d'un air perdu. Je me demandais ce qu'il attendait de moi et cela me perturbait. Que faire avec ce morceau de papier et ces crayons ?

Il remarqua mon embarras et s'approcha de moi, en plongeant ses yeux malicieux dans les miens :

— Fermez les yeux et prenez le temps d'écouter ce qui vient. Ne vous occupez plus de moi.

Ce que je fis. Mais rien ne venait. J'attendis cinq bonnes minutes et je commençai à désespérer : je me sentais nulle, vide et inintéressante. Je le savais ! J'allais le décevoir, c'était sûr. Je rouvris les yeux ; M. Wolf avait disparu de la pièce. Je m'approchai de la feuille et m'emparai du premier crayon venu. Je me mis à tracer une forme indéfinie. Rien à faire, j'avais toujours été peu douée en dessin. Ça n'allait pas changer à mon âge. Ma main tournoya mollement sans conviction. Le résultat était consternant : un gribouillis franchement ridicule. Je ne voyais pas ce que M. Wolf allait pouvoir faire de ça. Et puis, tout à coup, j'y distinguai l'image d'un grand oiseau blanc qui cherchait à déployer ses ailes. Il avait maladroitement essayé de décoller mais n'avait réussi qu'à faire quelques mètres avant de retomber sur le sol, penaud. Il était là, tout seul, l'air accablé. Personne ne lui venait en aide. Je fondis en larmes. Cet oiseau laborieux, c'était moi.

M. Wolf entra à ce moment-là. Il mit la main sur mon épaule et me tendit un Kleenex. Il prit place dans le fauteuil d'à côté mais resta silencieux. Je tournai mon visage vers lui :

— Ben voilà…

Il tourna la tête vers moi à son tour, et son grand sourire me rassura :

— Je vois que l'expérience n'a pas été simple pour vous, Élodie.

— C'est vrai. Ça a été plutôt désagréable.

— Je vous crois volontiers. Mais, en revanche, a-t-elle été *intéressante* ?

Il prononça ce dernier mot avec une voix un peu plus grave et posée.

— Heu, je ne sais pas. À quel point de vue ?

Personnellement, je ne trouvais rien d'intéressant à ce que je venais de vivre. J'avais juste découvert que je ressemblais à un gros oiseau.

— Attention, Élodie, je n'ai pas dit *valorisante* mais *intéressante*. Avez-vous appris quelque chose de nouveau sur vous ?

— Oui, m'esclaffai-je. Mais je n'ai pas vraiment de quoi m'en réjouir.

— Peut-être pas, en effet. Mais j'imagine qu'il y a de quoi *progresser* ?

— Que voulez-vous dire ?

— Imaginons que cela vous donne envie de transformer quelque chose. Qu'auriez-vous envie de faire ?

— Eh bien… Je ferais en sorte que le gros oiseau déploie ses ailes majestueuses et prenne enfin son envol.

M. Wolf n'eut pas l'air surpris par ce que je venais de lui dire.

— Et que se passerait-il alors pour lui ?

— Il serait enfin libre de se déplacer à sa guise.

— Mais encore ?

— Je ne sais pas, moi. Il sortirait de son périmètre habituel et irait explorer des paysages inédits, d'une beauté extraordinaire.

— Continuez !

— Il monterait de plus en plus haut, vers les nuages, et redescendrait doucement en se posant sur un courant d'air, comme une plume. Il se sentirait toujours heureux et léger.

M. Wolf resta silencieux. Je me sentis émue. Je venais de comprendre que tout cela parlait de moi.

À ce moment précis, on frappa à la porte. Mais la personne en question n'attendit pas qu'on lui réponde. Elle entra dans la pièce comme une apparition : à la fois belle, tranquille, elle dégageait en même temps quelque chose de très puissant. Elle irradiait. M. Wolf me la présenta en plissant les yeux, comme s'il était ébloui :

— Katarina Wolf, mon épouse. Un genre de cygne, elle aussi... ajouta-t-il en me faisant un clin d'œil complice. Je lui rendis son clin d'œil, maladroitement. Ainsi, M. Wolf me voyait comme un cygne ? Je souris intérieurement :

— Enchantée, madame Wolf. Élodie Garnier.

Katarina Wolf posa sur moi ses grands yeux verts. Son regard était d'une force impressionnante :

— Bienvenue chez nous, Élodie ! Aimez-vous le poulet ?

J'acquiesçai, bien que je ne voyais pas du tout cette femme-là dans une cuisine. Elle aurait sorti une baguette magique pour matérialiser un poulet rôti devant nos yeux que cela ne m'aurait pas étonnée plus que ça. Nous passâmes dans la salle à manger et nous installâmes tous les trois à table. Les Wolf étaient tous les deux animés de la même énergie chaleureuse et directe et je n'eus aucun mal à me sentir à l'aise. J'avais craint au départ de me retrouver un peu évincée par ces deux personnalités très fortes, mais ce n'était pas du tout le cas. Chacun prenait de la place, c'était indéniable. Mais leur compagnie donnait confiance et on les sentait vraiment à l'écoute de leurs interlocuteurs. Pour ma part, j'eus assez vite l'impression que l'on se connaissait depuis toujours.

J'appris que Katarina Wolf était une astrologue renommée, qu'elle enseignait cette matière à l'université au Royaume-Uni, ainsi qu'en Suisse. Qu'elle avait la bougeotte, détestait bel et bien faire la cuisine et vouait une admiration sans bornes à la peinture russe des années 1930. Elle était très drôle. Un petit accent indéfinissable perçait de temps à autre , au détour d'une de ses phrases, sans qu'on puisse dire d'où il provenait. Nous évoquâmes nos vies respectives et, à un moment, la conversation en vint sur le terrain du couple :

— Et vous, Élodie, questionna Katarina, vous avez un amoureux ?

Je fis « oui » de la tête :

— Je vais me marier, ajoutai-je, sans grande conviction.

— Ah, mais c'est important, ça ! s'exclama Katarina. Puis, en regardant son mari :

— Pas évident de se marier si jeune... Vous devez particulièrement bien vous entendre ?

— Oui, dis-je, avec un enthousiasme un peu forcé qui n'échappa bien entendu pas à mes hôtes. M. Wolf me regarda, pensif. Puis il changea de sujet :

— Élodie, vous m'avez appelé à l'aide. Que puis-je faire pour vous ?

J'hésitai entre le sujet Pierre-Laurent ou Philippe Chauffessac. J'optai pour ce dernier car je n'avais pas envie de leur donner une mauvaise image de moi.

— Eh bien, je suis complètement perdue : mon patron a un comportement bizarre et je ne sais pas quoi faire. Dois-je le dire à quelqu'un ? Mais à qui ? Et est-ce que c'est grave ?

Je leur décrivis mon entrevue improbable avec Philippe Chauffessac, ainsi que l'incident à la machine à café. Et j'insistai sur le caractère particulièrement inhabituel de ces événements.

— Ce Philippe, quelle est la nature de votre relation ?

— Eh bien, c'est mon mentor, en quelque sorte. Il m'a tout appris.

— Et que craignez-vous ?

— Ça me fait bizarre d'imaginer que le boss pourrait ne plus tenir son rôle correctement. J'ai peur qu'il finisse par couler le cabinet s'il continue comme ça.

— Vous êtes-vous beaucoup appuyée sur lui par le passé ? questionna Walter.

— Ah oui, et je lui fais une confiance absolue, du moins *jusqu'à maintenant*.

— Et si, Élodie, le moment était venu pour vous de prendre votre envol — comme ce cygne — et de ne plus compter que sur vous-même ?

Sa réponse me laissa perplexe et provoqua chez moi un soupçon d'irritation. Où allait-on si les patrons se mettaient à perdre la boule ? Il fallait bien que chacun fasse son boulot, non ? Ça ne pouvait certainement pas continuer comme ça ! De plus, l'hypothèse de ne compter que sur moi-même m'effrayait quand même un peu, je dois l'avouer.

M. Wolf m'interrogea :

— Ce que je dis vous contrarie ?

— Ah mais oui, terriblement même : je n'aime pas du tout l'idée que mon boss perde les pédales. Ça risque de mettre un souk pas possible au cabinet. Qu'est-ce qu'on va devenir, alors ?

— Pour l'instant, Élodie, il ne s'est rien passé de dramatique, apparemment. Ce que je vois, c'est que vous avez du mal à imaginer que tout ne se déroule pas comme vous en avez l'habitude. Auriez-vous peur du changement, chère amie ?

Je réfléchis. Eh bien, oui : si c'était ça le changement, j'en avais peur. Je n'aimais pas beaucoup l'idée que les personnes fiables de mon entourage sortent des rails et se mettent à faire n'importe quoi !

— Oui, monsieur Wolf. C'est vrai, ça m'inquiète.

— Pourtant, Élodie, le changement c'est la vie ! Tout change en permanence. Et ce n'est pas pour autant désagréable. Au contraire.

— Je ne suis pas d'accord : si j'en reviens à mon patron, ça me dérange vraiment qu'il ne soit pas comme d'habitude car je ne sais plus ce que je dois faire : continuer à lui faire confiance ? En parler à quelqu'un d'autre ? Faire comme si ça n'existait pas ? C'est quoi la solution ?

M. Wolf réfléchit un quart de seconde, se leva et alla ouvrir un tiroir de la bibliothèque. Katarina, qui avait jusqu'ici suivi notre discussion sans rien dire, prit un air grave et prononça ces mots incompréhensibles :

— « Ainsi l'Être Accompli, en s'éclairant et en veillant sur lui-même, rend sa conduite lumineuse[*]… »

Mais, qu'est-ce que tout cela pouvait bien vouloir dire ?

---

[*] Cyrille Javary et Pierre Faure, *Yi Jing, Le Livre des changements*, Albin Michel, 2002, hexagramme 30.

7

J'avoue que j'eus un moment de retrait. J'étais encore une fois face à une situation que je ne maîtrisais pas. Qu'est-ce que M. Wolf allait encore inventer pour me déstabiliser ? J'étais venue ici pour chercher une solution à mes problèmes, pas de nouveaux questionnements. Je me renfrognai sur ma chaise.

Encore une fois, M. Wolf remarqua mon trouble. Il m'invita à m'asseoir en face de lui, dans un coin de la pièce, une petite table posée entre nous :

— Élodie, j'entends que vous avez besoin d'y voir plus clair. Mais c'est important que ce soit *vous* qui trouviez votre propre réponse. Aussi, pour cela, je vais vous proposer une expérience que vous n'avez peut-être jamais faite.

Il me sourit avec bienveillance :

— Sachez d'abord que ce n'est pas dangereux, que vous avez le droit de me dire non, et que je n'ai aucun pouvoir particulier sur vous. Mais, pour des raisons indépendantes de ma volonté, je suis un tout petit peu en avance sur vous dans certains domaines. Et je serais bien égoïste de ne pas partager ce que je sais, si cela peut vous rendre la vie plus facile.

Je ne dis rien et attendis la suite. J'hésitai entre la mauvaise humeur et la curiosité pour ce que j'allais découvrir. Car je commençais à mieux connaître Walter Wolf. Je pressentais chez lui le besoin irrépressible de faire progresser son interlocuteur dès que l'occasion se présentait. Il était toujours prêt à proposer un éclairage différent : comme un magicien habile, il semblait connaître les portes dérobées invisibles au commun des mortels. C'est vrai que ses clés de compréhension étaient assez inhabituelles, mais, en même temps, toujours fondées sur une intention positive. Je quittai donc mon expression boudeuse et soupirai :

— Je veux bien essayer.

— Ah, je suis content, vraiment. Vous allez voir, nous sommes mieux équipés que nous ne le pensons pour démêler les questions qui nous taraudent et trouver des réponses qui nous aident à effectuer les bons choix. Il suffit de savoir où demander et d'apprendre à utiliser les moyens à notre disposition.

— Est-ce que ça veut dire qu'il y a toujours une solution à tout ?

— Pourquoi pas ? C'est une autre façon de le dire. En tout cas, il existe des grilles de lecture qui nous permettent de mieux cerner les problèmes que nous rencontrons et en face desquels nous nous sentons parfois démunis. Nous pouvons trouver des alliés qui nous guident, des repères pour savoir comment réfléchir. Et, de là, identifier notre chemin plus facilement. Imaginez que vous avanciez seule dans le brouillard, en terrain inconnu : vous allez avoir besoin d'outils pour savoir dans quelle direction aller. Eh bien, ces outils, nous les avons ! Et quand nous sommes perdus, que nous ne savons plus que faire ou quoi penser, c'est l'occasion ou jamais de nous en servir pour faire face à ces périodes d'incertitude psychique.

Il ajouta, songeur :

— C'est d'ailleurs étrange que nous les négligions autant, alors qu'ils existent depuis des millénaires…

— Mais, c'est quoi, au juste, ces outils dont vous me parlez ?

Walter Wolf réfléchit quelques instants avant de poursuivre :

— Visualisez, Élodie, que vous êtes à la tête d'un paquebot, prêt à prendre la mer avec un équipage. Vous avez tout intérêt à faire connaissance avec les membres importants qui le composent pour mieux « manager » votre équipe et éviter que chacun fasse comme bon lui semble sans tenir compte du port de destination. Mais ce n'est pas tout. Il vous faut aussi une idée précise de l'endroit où vous allez et de pourquoi vous l'avez choisi. C'est exactement la même chose pour nous, êtres humains. Comment faire pour conduire notre vie, piloter nos trajectoires en toute connaissance de cause et atteindre nos objectifs sans nous tromper ? Cela ne peut se faire que grâce à une conscience claire de tout ce qui nous anime. Nous avons besoin de nous comprendre *de l'intérieur* au moins un minimum pour que notre vie devienne petit à petit à l'image de ce que nous en attendons.

Et il ajouta d'un air entendu :

— Et pour ne pas être à la merci des courants extérieurs ou des tempêtes dévastatrices.

Je sentis qu'il parlait en connaissance de cause.

— Eh bien, continua-t-il, pour rencontrer tout le petit monde qui travaille à notre service et avoir une idée juste de la direction à suivre, nous avons à notre disposition des outils de repérage qui nous évitent de nous fracasser contre les rochers ou de rester perdus en haute mer. Ils rendent visible ce qui se passe en nous et que nous ne voyons pas, notamment ce qui risque de nous détourner de notre destination. Ils mesurent les courants que nous allons traverser en chemin et qu'il nous faut identifier. Ils nous indiquent le temps qu'il va faire. Et ils nous aident à choisir la direction finale, car, au fond, c'est toujours nous qui fixons le cap, au moins en partie. Par exemple, le tarot, l'astrologie ou le Yi Jing, pour n'en citer que quelques-uns, font partie de ces outils. Ils vont tout simplement nous servir d'instruments de navigation et répondre à toutes les questions que nous nous posons en chemin.

Je restai silencieuse. Je n'avais jamais entendu parler du Yi Jing. Quant au tarot et à l'astrologie, ils m'évoquaient plutôt une grosse femme en peignoir fleuri, vêtue d'un turban, retournant des cartes ou scrutant une boule de cristal d'un air faussement pénétré, dans une improbable caravane. Et pourtant, certaines des images évoquées par M. Wolf me parlaient. Je me voyais à la barre, en uniforme, une longue-vue à la main, l'air pensif et le regard tourné vers l'horizon, tel un vieux loup de mer bravant des éléments toujours plus hostiles, à la recherche d'une terre accueillante où faire accoster le navire.

— Mais vous, monsieur Wolf, comment les avez-vous découverts ces instruments de navigation ?

Walter fronça les sourcils :

— Je n'ai pas vraiment eu le choix : je me suis perdu dès le départ. Et j'ai dû chercher très tôt comment retrouver ma route. Un peu comme si j'avais été obligé de devenir un expert en *réorientation*. Et me voici en face de vous. Car ce que j'aime par-dessus tout, c'est éclairer ceux et celles qui manquent de visibilité.

— Un phare, en quelque sorte…

M. Wolf sourit :

— Nous avons tous notre propre lumière. À nous de trouver comment la faire rayonner. Et je reconnais que ce n'est pas toujours facile.

Je me demandai si je rayonnais moi-même et si les autres à l'extérieur s'en apercevaient. Je ne savais pas trop ce que ça voulait dire, en réalité. Avoir du succès ? Être populaire ? Pierre-Laurent percevait-il chez moi un éclat particulier ? Et si oui, lequel ? Devais-je faire quelque chose pour diffuser des rayons plus importants ? Je m'imaginai en lampadaire, avec le variateur au minimum. Il fallait sûrement l'augmenter, mais où était le bouton ? J'en reparlerais avec M. Wolf, à l'occasion. Pour l'instant, nous étions partis sur une autre piste. Je le regardai, interloquée. Il avait disposé un petit tapis sur la table, ainsi qu'une série de trois pièces d'une monnaie que je ne connaissais pas.

— Élodie, je vous présente le Yi Jing. C'est un outil de divination chinois, très ancien, que l'on utilise pour avoir des réponses concrètes sur l'attitude juste à adopter pour aborder au mieux une situation. C'est très utile car notre intuition n'est pas toujours suffisamment développée. Les animaux, à la différence de nous, sont connectés à leur sixième sens, notamment quand ils sont en danger. Mais, nous, les humains, sommes obligés de faire appel à des « intermédiaires » pour évaluer ce qu'il convient de faire dans telle ou telle circonstance. Vous me suivez jusqu'ici ?

— Heu, à peu près…

— Vous allez voir, c'est très simple. Reprenons notre exemple de tout à l'heure : je suis le capitaine et, pendant le voyage, surgit un conflit avec mon équipage. Je ne sais pas comment réagir. Dois-je prendre les choses de front et imposer ce que je pense coûte que coûte ou, au contraire, essayer de préserver la relation avec les membres de l'équipage, pour que tout fonctionne bien ? C'est le genre de question que nous nous posons souvent dans la vie courante : pas besoin d'être marin pour ça… Et la réponse n'est jamais si évidente. Eh bien, le Yi Jing peut nous aider à choisir l'attitude juste.

À ce moment précis, mon portable se mit à fredonner. Je reconnus la musique de Pierre-Laurent. Je faillis sauter de joie. Ouf, il refaisait enfin surface : il ne m'avait pas rayée de sa vie. Je me sentis profondément soulagée. Je m'excusai auprès de M. Wolf et pris la communication avec émotion :

— Oui, Pierre-Laurent ?

J'eus la désagréable surprise d'entendre la voix d'Yvonne, un peu haletante :

— Ah, vous répondez, c'est bien ! Écoutez, Pierre-Laurent est à l'hôpital, nous sommes à ses côtés, ne vous inquiétez pas. Mais il vous réclame.

— À l'hôpital ?

Je fus prise de panique et sentis ma gorge se serrer. Il n'avait quand même pas tenté de mettre fin à ses jours suite à mon shampooing ? Je fondis en larmes et me plaquai la main sur la bouche, effarée.

— Sa vie n'est pas en danger, rassurez-vous. Il a un ulcère à l'estomac avec des complications. Il va passer au bloc dans quelques minutes. Venez tout de suite. Nous sommes à HEGP.

— Pardon ?

— L'hôpital Georges-Pompidou, enfin, mon petit. Dépêchez-vous !

J'eus la sensation qu'on venait de me jeter un seau d'eau glacée sur la tête. Je me tournai vers mes hôtes et m'excusai :

— Mon fiancé vient d'être admis à l'hôpital. Ulcère, ajoutai-je, en hochant la tête gravement.

Je me sentais horriblement coupable. Avais-je contrarié Pierre-Laurent au point de lui créer des trous dans l'estomac ? J'avais entendu dire que les soucis avaient ce genre de pouvoir...

— Ulcère, répéta Katarina, en hochant la tête à son tour, pensive.

Je hoquetai, entre deux sanglots :

— C'est ma faute, à tous les coups. Vous savez, je ne l'ai pas ménagé ces derniers temps, avouai-je en fixant mes chaussures.

Katarina s'approcha de moi et me prit par les poignets :

— Quelle drôle d'idée, Élodie. Écoutez, je ne sais pas ce que vous vivez tous les deux, mais, en tout cas, croyez-en ma longue expérience : vous n'êtes pas responsable de ce qui lui arrive. Et si vous avez joué un rôle là-dedans, c'est nécessairement avec sa participation.

Ses paroles arrivaient à peine à mon cerveau mais elles me soulagèrent. Cette femme avait l'air d'en connaître un bout sur la question. Elle m'embrassa chaleureusement et prit congé de moi. Walter avait appelé un taxi et me raccompagna jusqu'en bas.

— Donnez-nous des nouvelles, Élodie. Et revenez quand vous voudrez, ajouta-t-il avec un large sourire.

— Bien sûr. Vous savez, j'ai vraiment envie d'en apprendre plus sur votre Yi Jing, et tous ces instruments de navigation… Je suis désolée de vous quitter comme ça, en catastrophe.

— Ne vous faites pas de souci. Nous pouvons nous organiser une petite séance de travail dès que vous serez de nouveau disponible. Je vais être à Paris dans les mois qui viennent. Envoyez-moi vos dates et nous trouverons quelque chose. Et puis, ajouta-t-il en me regardant attentivement, n'hésitez pas à faire appel au dessin : vous verrez, c'est un outil qui éclaire bien des situations…

Il m'embrassa affectueusement et je montai dans le taxi sans plus tarder. Décidément, les événements se précipitaient. Cette soirée avait déjà été dense et ce qui m'attendait maintenant n'était pas non plus de tout repos. Ça n'allait pas être simple de revoir Pierre-Laurent sur un lit d'hôpital, et encore moins de faire face à ses parents. D'un côté, j'étais heureuse et soulagée qu'il fasse appel à moi, bien sûr. Ma place était auprès de lui et, apparemment, il ne remettait pas cela en question. Mais, d'un autre, j'allais, à coup sûr, être accusée par sa mère d'être la cause de son état. Malgré les paroles réconfortantes de Katarina, j'étais presque certaine d'y être pour quelque chose et ne voyais pas du tout comment me défendre si Yvonne me cherchait sur ce terrain-là.

Le taxi me déposa à l'entrée de l'hôpital européen. Je me dirigeai à la hâte vers l'intérieur du bâtiment et hélai la jeune femme à l'accueil :

— Bonsoir, je cherche M. Pierre-Laurent de Sorel-Moucy. Il vient d'être hospitalisé ici.

L'employée me regarda fixement et répondit d'un ton aigre :

— Y'a pas ça chez nous.

Je m'apprêtai à riposter mais je haussai les épaules et tournai les talons. Le mieux était d'appeler directement Yvonne pour savoir où me rendre précisément. Elle m'indiqua l'étage d'une voix sèche. Pierre-Laurent n'était pas encore sorti du bloc. Je pris donc l'ascenseur vers le service de chirurgie digestive. Yvonne était assise dans le couloir, la mine défaite. En me voyant arriver, elle se leva et me salua distraitement, du haut de son mètre quatre-vingt, mais sans hostilité particulière. Ouf, pensai-je, elle n'est pas au courant… Georges de Sorel-Moucy, son époux, était au téléphone et faisait les cent pas dans le couloir en agitant ses lunettes dans tous les sens. Il m'adressa un signe de la main, en me regardant à peine, et replongea dans sa conversation. Je commençais à avoir l'habitude de le voir ainsi. Il passait énormément de temps en ligne avec des clients étrangers. Il avait fondé une très grosse agence immobilière, avec quelques succursales qu'il continuait à diriger à travers le monde. Il achetait ainsi des demeures de luxe et les revendait un peu partout, en gagnant beaucoup d'argent. Il ne m'accorda pas plus d'attention que ça. Yvonne vint s'asseoir à mes côtés et resta un moment, le regard perdu dans le vague. Puis elle finit par se tourner vers moi :

— Vous saviez qu'il souffrait d'un ulcère, vous, mon petit ?

— Heu, non. Il ne m'en a jamais parlé. Je sais qu'il avait mal de temps en temps, sans plus.

— Je me demande bien ce qui a pu lui provoquer ça. Vous avez une idée, vous ?

— Je ne sais pas, peut-être le travail ? répondis-je, sur la défensive.

— Hmmm, fit-elle en fronçant les sourcils.

Je demeurai silencieuse. Quand même : quelle différence avec l'accueil que j'avais reçu quelques heures plus tôt ! Certes, c'était normal, après tout : Yvonne et Georges étaient inquiets pour la santé de leur fils et peu enclins à deviser gaiement. C'était peut-être aussi à moi d'animer la conversation. Je m'adressai à Yvonne avec un sourire légèrement crispé :

— Mais que s'est-il passé, exactement ?

— Eh bien, Armand d'Armignac nous a téléphoné, tout simplement ! Comme vous devez le savoir, Pierre-Laurent dînait avec lui ce soir. Eh bien, il a été pris d'une douleur épouvantable en plein repas et il a fallu appeler le Samu. Vous savez, ajouta Yvonne avec un grand soupir, Armand est *for-mi-da-ble*. C'est le meilleur ami de notre fils et c'est un garçon exceptionnel. Il a toutes les qualités. En outre, il est extrêmement distingué, ce qui ne gâte rien.

Je n'avais pas encore fait sa connaissance, mais je savais qu'Armand avait joué un grand rôle dans la vie de Pierre-Laurent. Beaucoup de choses les rapprochaient : un très bon milieu, des études irréprochables, le goût de l'excellence…

— Pierre-Laurent devait d'ailleurs épouser Philippine, la sœur d'Armand. Finalement, ça ne s'est pas fait… Je sentis le regret poindre dans sa voix.

Yvonne se reprit, s'apercevant qu'elle avait gaffé. Elle secoua la tête énergiquement :

— De toute façon, tout cela est terminé, maintenant. Il faut regarder vers l'avenir, mon petit! conclut-elle avec détermination.

J'ignorais totalement ce qu'elle venait de m'annoncer. Cela me fit un choc d'imaginer que Pierre-Laurent m'avait caché un épisode aussi important de sa vie. Je n'étais donc pas son « premier choix »? Moi qui croyais être la femme de sa vie... Je n'en revenais pas. Pourquoi Pierre-Laurent ne m'avait-il rien dit? Et s'il m'avait camouflé d'autres éléments de son histoire? Je ruminais en essayant de ne rien en laisser paraître à Yvonne. Quant à son mari, il n'avait toujours pas lâché son portable et produisait à présent des sons inintelligibles et rauques dans une langue que je ne connaissais pas.

— Georges a un client japonais qui lui prend un peu la tête..., fit Yvonne, d'un air las.

Juste à ce moment, un groupe d'hommes en blouses blanches franchit la porte battante et vint vers nous, sourire aux lèvres. L'un d'eux apostropha Yvonne :

— Tout va bien, madame, votre fils est en salle de réveil. L'opération s'est parfaitement déroulée. Je vous conseille de rentrer chez vous. Vous pourrez le voir dès demain.

— Ahhhh, merci infiniment, docteur! gémit Yvonne. Nous étions *tellement* inquiets.

— Oh, il n'y a pas de quoi, rétorqua l'homme, en riant. C'est une intervention tout à fait banale et sans risques!

— Oui, mais comment va-t-il? On ne peut pas lui rendre visite ce soir? questionnai-je avec un peu d'appréhension.

Une infirmière me répondit poliment :

— Impossible, mademoiselle : il n'est pas encore réveillé. Vous le verrez demain, sans problème...

Je m'affalai sur une chaise, déçue et lasse.

Le nuage de blouses blanches s'évapora vers le fond du couloir, à toute vitesse.

Tout à coup, l'une d'elles se détacha du groupe et, revenant vers nous, me fonça dessus.

— Mademoiselle Garnier ? C'est bien vous ?

Après un bref instant de surprise, je reconnus mon voisin du dessous, celui qui s'était plaint de la fuite et que j'avais trouvé si désagréable.

— Ah, bonsoir. Je ne m'attendais pas à vous voir ici ! Oui, c'est bien moi. C'est mon fiancé qui s'est fait opérer, ajoutai-je, d'un air contrit, comme si j'y étais pour quelque chose.

Il écarquilla les yeux :

— Votre *fiancé* ?

On aurait dit qu'il n'avait jamais entendu ce mot-là de toute sa vie !

— Heu, ça vous dérange ? répondis-je d'un ton sec. Je commençais à perdre patience. Il était tard et je n'avais que faire de quelqu'un de désobligeant en face de moi.

Il sourit :

— Je ne voulais pas être indiscret. Ça m'a étonné, c'est tout. Veuillez m'excuser : je suis fatigué, je crois. J'ai travaillé non-stop depuis ce matin. Toute cette tension peut me rendre parfois maladroit, j'en suis désolé.

Je le rassurai :

— Ce n'est pas grave… Mais vous, vous faites quoi ici ?

— Je suis médecin anesthésiste.

Je le regardai de plus près. Il avait l'air sincèrement contrarié de m'avoir froissée.

— Allez, venez, dit-il, je vous offre un petit café pour me faire pardonner.

Il me prit par le bras et m'entraîna malgré moi vers le fond du couloir. Yvonne s'interposa entre nous et me lança un regard désapprobateur :

— Désolée, docteur… Leblanc, ajouta-t-elle après un rapide coup d'œil sur la blouse de mon voisin. Élodie, ce n'est vraiment pas le moment. Nous partons, Georges et moi. Venez, mon petit, il est temps de rentrer chez vous.

Mon voisin s'adressa à elle avec douceur, comme à une future anesthésiée :

— Ne vous inquiétez pas, madame, je vais prendre soin de votre belle-fille. Elle est entre de bonnes mains.

Il n'attendit pas la réponse et me poussa vers le fond du couloir. Voilà un homme décidé ! pensai-je. Ça me faisait du bien que quelqu'un me prenne en charge avec détermination. J'avais besoin d'un peu de réconfort. Le docteur Leblanc tombait à pic. Je vis les Sorel-Moucy s'éloigner à grands pas. Georges était toujours au téléphone…

— C'est votre belle-famille ? demanda le docteur Leblanc, d'un ton compatissant.

Je fis « oui » de la tête.

Il me fit un clin d'œil en me tendant un café.

— Pas commode, la grande bringue… Il doit pas se marrer tous les jours, le beau-père. Allez, racontez-moi un peu votre vie, jeune fille. Nous sommes voisins, non ? Autant faire connaissance. On n'a pas très bien démarré, mais ce n'est pas une raison… Moi, c'est Mathias, ajouta-t-il d'un ton joyeux. Sa gaieté était communicative. Je souris à mon tour et nous fîmes « tchin tchin » avec nos gobelets de café.

8

Sept heures : mon chat Myrtille posa gentiment sa patte sur ma tête en miaulant, pour me réveiller. Ma mère m'avait offert ce beau mâle persan pour fêter mon installation à Paris et lui avait choisi un prénom fruitier, auquel personne n'avait semblé prêter attention. Personne, sauf Caro. « Et y s'comporte normalement ? » avait-elle questionné, ironiquement. En y repensant, ce matin-là, alors que Myrtille ronronnait bruyamment en tournicotant sur lui-même, je me dis que Caro n'avait peut-être pas tort : ma mère aurait pu lui trouver un prénom plus « viril ». Mais je n'allais pas la contrarier pour si peu. Et puis, je n'avais pas de quoi me plaindre : j'aurais pu tomber sur une mère comme Yvonne…

Cette désagréable pensée me ramena à la réalité : ce matin, j'allais rendre visite à mon fiancé sur son lit d'hôpital et je ne savais pas du tout à quoi m'attendre. Comment allait-il réagir en me voyant ? M'aimait-il encore ? Je tentai de chasser mon appréhension en respirant calmement, mais la technique ne fut qu'à moitié efficace. J'appelai le cabinet pour prévenir que je serais un peu en retard, passai chez le fleuriste, achetai une grosse gerbe de roses et hélai un taxi pour HEGP. On m'indiqua la chambre de Pierre-Laurent plus aimablement que la veille. Je frappai à la porte et j'attendis le cœur battant.

— Oui, répondit-il d'une voix faible.

Le sourire un peu crispé, j'entrai avec mon énorme bouquet de fleurs. Il m'observa avec défiance, prêt à enclencher le *panic button* situé juste au-dessus de son lit :

— C'est bon ? Tu ne me jettes rien à la figure aujourd'hui ?

Je m'assis sur le lit et lui pris les deux mains. Il me regarda d'un air encore plus suspicieux.

— Je suis désolée, mon cœur. Vraiment ! lançai-je pour détendre l'atmosphère.

Il me fit signe de m'approcher pour l'embrasser, tout en grimaçant de douleur.

— Allez, c'est fini… Tu as voulu me tester, c'est ça ? Voir si je tenais vraiment à toi ? Mais pourquoi je te propose le mariage, à ton avis ?

Il se redressa soudainement et me dévisagea avec attention :

— Tu m'as drôlement fichu la trouille, mon cœur, tu sais ! Écoute, je me demande si tu n'es pas un peu surmenée en ce moment, pour faire un truc pareil… Toi et tes horaires de dingue ! C'est quand même pas très équilibrant de travailler autant. Tu crois pas que t'as pété les plombs ? C'est peut-être un début de *burn-out* ? Je veux pas qu'il t'arrive quelque chose à cause de ton job. On a assez d'argent pour éviter ça, non ?

Sur le monitoring, sa courbe de fréquence cardiaque se mit à s'affoler en bipant frénétiquement. Je tentai de le rasseoir :

— Calme-toi, mon cœur. Fais attention. Ce n'est vraiment pas le bon moment pour t'énerver…

En réalité, je ne savais pas quoi dire pour m'expliquer. En voyant qu'il m'avait déjà pardonné, les larmes me montèrent aux yeux. Je n'étais pas sûre de mériter un mari aussi compréhensif. Je réalisai avec effroi que j'aurais pu le perdre ! J'étais jolie, soit, mais je ne me sentais pas irrésistible, ou particulièrement au-dessus de la moyenne. Alors que Pierre-Laurent, lui, serait un père formidable et un mari que beaucoup m'envieraient : beau, sportif et rassurant. La famille avait tellement d'importance à ses yeux. Je nous imaginais souvent avec nos futurs enfants, deux petits blondinets courant gaiement dans un joli jardin surplombant la mer : j'aimais cette sensation de me glisser dans son univers comme la pièce manquante d'un puzzle en construction.

Les jours qui suivirent, je lui rendis visite le plus souvent possible et passai beaucoup de temps avec lui à l'hôpital. Nous étions à nouveau complices et tout semblait être redevenu comme avant. Pierre-Laurent avait su trouver les bons mots pour expliquer mon comportement : ma folie passagère avait permis de tester notre engagement réciproque. Je dois dire que cette version des faits me convenait décidément plus que celle inventée par Caro.

Pierre-Laurent se sentait beaucoup mieux et les médecins étaient très optimistes quant à son état. Il était convenu que, dès sa sortie, il irait se reposer quelques jours en Normandie, dans la maison de ses parents, une jolie propriété au bord de la mer, dans un petit village non loin de Deauville. Il me proposa de l'y retrouver le week-end prochain. Je prendrais le train le samedi matin et Yvonne viendrait me chercher à la gare de Deauville. La propriété familiale n'était qu'à quinze minutes en voiture. Ouf! Tout rentrait finalement dans l'ordre, sans dommages.

Quant à Philippe Chauffessac, je le vis plusieurs fois déambuler dans les couloirs, l'air surexcité et l'œil brillant. Je me rendis compte que Fafa n'était jamais très loin de lui : peut-être le surveillait-il en douce, pour éviter tout débordement ? Mais on aurait bien le temps de voir venir…

9

LE SAMEDI DE LA SEMAINE SUIVANTE arriva très vite. Caro avait gentiment accepté de venir nourrir Myrtille et de lui tenir compagnie de temps à autre durant ces deux jours. Au moment de partir, je me rendis compte que j'avais oublié le *Petit Manuel de réenchantement*. Le livre était sagement rangé parmi les ouvrages d'art de ma bibliothèque. Un rayon de soleil matinal en éclaira la couverture à ce moment-là, comme par magie. Quelle qu'en soit la raison, l'ouvrage m'apaisait et me redonnait confiance : aussi, pas question de m'en séparer ! Le trajet en train fut particulièrement agréable. L'automne colorait les paysages de ses teintes chatoyantes et l'idée de passer le week-end à la mer me faisait oublier les soucis des derniers jours. Je me sentais plus légère. J'étais loin de me douter de ce qui allait arriver…

À la gare de Deauville, Yvonne m'attendait dans sa mini, garée juste devant la sortie. Je la sentis un peu distante mais pas désagréable. Cela me rassura. Je me demandai quand même si elle était au courant pour l'affaire du shampooing. En tout cas, elle n'en fit pas mention et parla longuement de Pierre-Laurent, de ses progrès, en mentionnant à quel point l'air de la mer lui faisait du bien.

— Il aurait intérêt à passer du temps ici, dit-elle, d'un ton décidé. Je compte sur vous pour le convaincre de rester, mon petit.

Son ton était légèrement autoritaire. Je n'avais personnellement aucune envie que mon fiancé s'installe trop longtemps chez ses parents, même pour sa convalescence. Je sentis qu'elle cherchait à m'évincer. C'était plutôt à moi de m'occuper de lui, non ?

— Vous savez, répondis-je avec calme, je pense qu'il serait mieux avec moi.

Yvonne ne répondit rien, mais je vis sa bouche se crisper. Elle n'aimait pas qu'on lui résiste. Elle se tourna vers moi au premier feu rouge :

— Vous pensez à lui ou à vous ? fit-elle sèchement.

— Je pense à mon couple, Yvonne. C'est peut-être votre fils, mais là, c'est à lui et moi de décider et certainement pas à vous, répondis-je, du tac au tac.

Que m'arrivait-il ? Les mots sortaient tous seuls de ma bouche et j'assistais au spectacle, incrédule. Ils avaient tout simplement pris le contrôle et organisé une véritable insurrection à l'intérieur de moi ! Yvonne me regarda avec stupeur : enhardis par cette audace toute nouvelle, d'autres mots se précipitaient vers ma bouche pour sortir à leur tour. Mais Yvonne revint à la charge avec son aplomb habituel.

— Eh bien, moi, reprit-elle en essayant de ne rien laisser paraître, je crois qu'il a besoin de sérénité. Il est très fragile en ce moment. Il lui faut un environnement normal, sans aucune perturbation. Et elle ajouta, fielleusement : Un environnement normal, cela veut dire des personnes *res-pon-sables* autour de lui. Ce qui, de toute évidence, n'est pas votre qualité première, j'ai cru comprendre.

Nous y étions : évidemment que son fils adoré lui avait tout lâché ! Et, maintenant, j'étais totalement discréditée, bien sûr. Il n'y avait que Caro pour trouver ça drôle. Je me sentis affreusement gênée. Je sortis de la voiture sans rien dire. Heureusement,

Pierre-Laurent m'attendait sur le perron avec un grand sourire et je me jetai dans ses bras (avec précaution bien sûr). Il avait l'air heureux de me revoir et cela me fit du bien. Yvonne se dirigea directement vers l'intérieur de la maison et nous laissa seuls. Pierre-Laurent fronça les sourcils et me regarda d'un air interrogateur :

— Ma chérie, tu vas bien ? Tu as l'air soucieuse.

— Ça va, répondis-je, sans conviction. Et toi ? As-tu complètement récupéré ?

Ce n'était certes pas le moment de commencer à l'interroger sur des sujets brûlants. Il faudrait attendre le moment propice. Il me répondit qu'il allait beaucoup mieux et que je lui avais manqué énormément. Nous entrâmes à notre tour dans la maison et je montai ma valise dans notre chambre. Pierre-Laurent me rejoignit avec un peu de difficulté. Il avait encore du mal à se déplacer, le pauvre.

— Élodie, me dit-il suavement, en me prenant dans ses bras, j'aimerais que tu te détendes ce week-end. Et s'il y a quoi que ce soit qui te contrarie, je veux que tu me le dises, tu m'entends ?

Ses paroles me prirent au dépourvu. Je ne savais pas quoi faire. J'avais une envie pressante de le cuisiner, et, en même temps, je me demandais s'il ne fallait pas que je le ménage… Oh, et puis zut. Je me lançai :

— Eh bien, oui, quelque chose me chiffonne : j'ai appris que tu avais été fiancé avant de me rencontrer ?

Pierre-Laurent changea de physionomie :

— Mais qui t'a mise au courant ?

— Qui ? Mais ta mère, bien sûr ! Alors, c'est vrai…?

Je m'assis sur le lit, désarçonnée.

— C'est une vieille histoire, mon cœur. D'ailleurs, ça ne s'est pas fait.

— Mais pourquoi ? Pourquoi ça ne s'est pas fait ? lançai-je d'un ton soupçonneux.

Il soupira et haussa les épaules :

— Peu importe. Qu'est-ce que ça peut faire aujourd'hui puisque c'est toi que j'ai choisie ?

Oui, au fond, qu'est-ce que cela pouvait faire ? Je ne sais pourquoi mais cette histoire me laissait un goût amer comme si j'avais été dupée.

— J'aurais préféré que tu m'en parles, avouai-je. Puis j'ajoutai, glaciale : Je croyais que nous partagions tout…

Il ne répondit rien et s'installa dans un fauteuil en lisant le journal. Pierre-Laurent avait le chic pour éviter les sujets qui fâchent : dans ces cas-là, il se repliait instantanément dans son monde comme un escargot dans sa coquille.

Je décidai de faire de même et commençai à lire un magazine de voyage qui traînait sur l'une des tables de chevet. Mon regard s'arrêta sur la destination *Séjour de rêve : une semaine aux Maldives, toutes taxes comprises, superbe hôtel cinq étoiles, plongée tous les jours,* encerclée de rouge. Je levai la tête :

— Tu comptes aller aux Maldives ?

Pierre-Laurent planta ses yeux dans les miens, d'un air de défi.

— Mon cœur, tu n'as quand même pas oublié notre voyage de noces ?

— Mais heu… l'Australie ? protestai-je.

Nous étions tombés (presque) d'accord la semaine dernière sur cette destination qui m'avait toujours fait rêver.

— Beaucoup trop loin ! Je ne fais pas vingt-quatre heures d'avion, c'est ridicule. Et puis, tu sais, *personne* ne va en Australie en voyage de noces. En revanche, les Maldives, c'est tellement paradisiaque. Fais-moi confiance... promit-il, en me caressant les cheveux.

Et on y fait de la plongée, me dis-je intérieurement. *Et la plongée, c'est ton truc à toi ! Moi, je m'en tape.* J'avais envie de grands espaces, de paysages désertiques à vous couper le souffle, de chevaucher librement dans le bush, de visiter l'opéra de Sydney, bref, de revenir avec des aventures extraordinaires plein la tête... Mon rêve de l'autre nuit me revint en mémoire : le tapis volant n'irait pas jusque-là, c'était clair. J'étais déçue, triste et en colère.

— Tu aurais pu me demander mon avis quand même ! rétorquai-je, avec lassitude.

Pierre-Laurent était déjà replongé dans sa lecture.

Résistant à l'envie de lui arracher le journal des mains, je le plantai là et descendis dans le jardin. La maison était construite sur les hauteurs de Bénerville, entre Deauville et Houlgate, et donnait directement sur la mer. Le grand air me détendit un peu. Je venais retrouver mon fiancé dans un endroit sublime. Pourquoi ne pas profiter du week-end, tout simplement ? Qu'avais-je donc à chercher la petite bête ? Comme si je voulais provoquer un conflit au lieu de savourer notre intimité retrouvée. Après tout, il n'y avait pas de quoi être offensée à l'idée de partir en voyage de noces aux Maldives dans un hôtel cinq étoiles ! Je me comportais décidément comme une enfant gâtée. Je regardai en direction de la fenêtre de notre chambre. Pierre-Laurent était là, debout. Je lui fis signe de descendre me rejoindre.

Nous décidâmes d'aller nous promener tous les deux sur la plage. Yvonne était chez le coiffeur et ne rentrerait pas avant la fin de la journée. Georges reprenait le train du soir et serait avec nous pour dîner. Pendant la balade, j'essayai d'adopter une attitude plus conciliante. Pierre-Laurent avait l'air de tenir à moi, après tout. Pourtant, le cœur n'y était pas tout à fait. D'où venait cette sensation de décalage que j'éprouvais et qui ne cessait de s'intensifier ?

Je pensai tout à coup au livre de Walter Wolf : c'était l'occasion rêvée de l'interroger ! J'attendis que Pierre-Laurent soit rentré à l'intérieur pour regarder un match de foot et je montai les escaliers quatre à quatre jusqu'à notre chambre. J'allai jusqu'à la petite armoire où j'avais rangé toutes mes affaires. J'ouvris la porte et mon cœur se serra : le livre n'y était plus. Je blêmis. Pourtant, j'étais sûre de l'avoir rangé là. Ce n'était pas possible ! Quelqu'un me l'avait volé. Mais qui ? Il n'y avait eu personne ici, à part Yvonne. Et ce n'était pas le genre à fouiller dans les placards de sa belle-fille. Elle aurait trop peur d'être découverte. Je hélai Pierre-Laurent, du haut des marches :

— Dis-moi, mon cœur, aurais-tu par hasard pris un livre à moi, dans l'armoire ?

Je le vis se lever et agiter le livre au-dessus de sa tête :

— C'est ça que tu cherches ? fit-il l'air consterné.

— Ah c'est toi qui l'as, ouf ! C'est un cadeau d'un ami. Attention, il est très précieux, ce livre…

Je descendis l'escalier à toute vitesse pour le récupérer. Pierre-Laurent me dévisagea froidement :

— Mais enfin, Élodie, pourquoi tu lis des inepties pareilles ? D'où ça sort ? Tu te prends pour Madame Irma ?

J'eus la même sensation de douche glacée qu'en apprenant son hospitalisation. Je m'effondrai sur la première chaise venue :

— Pourquoi tu me parles comme ça ? C'est un livre formidable ! Et depuis quand tu fouilles dans mes affaires ?

— Qu'est-ce que tu racontes ? Qui t'a offert ce truc ?

Je n'en croyais pas mes oreilles. Pourquoi sortait-il ainsi de ses gonds ?

— Fais attention, Élodie, me mit-il en garde sévèrement, en s'approchant de moi, le doigt levé vers le ciel. Il faut vraiment se méfier de ce genre de littérature. Ça peut *très* mal finir, tout ça…

Je commençais à saisir ce dont il était question :

— Mais non ! Ce n'est pas du tout ce que tu crois. Tu penses à une secte, n'est-ce pas ? Eh bien, je vais te dire : c'est un vieux monsieur très gentil qui me l'a offert, et gratuitement en plus. Sans aucune intention malveillante.

— *Un vieux monsieur très gentil* ? répéta-t-il, avec une moue légèrement dégoûtée.

J'étais clairement en train de m'embourber. Je vis brièvement apparaître l'image d'un gourou libidineux ressemblant étrangement à M. Wolf, avec une grande barbe blanche et un turban doré, dansant avec indolence au milieu d'un nuage de fidèles énamourés. Cette fois, Pierre-Laurent était vraiment à côté de la plaque. Je lui arrachai le livre des mains en levant les yeux au ciel. Je remontai dans la chambre, m'allongeai sur le lit, blottie contre le *Petit Manuel*. J'étais abattue. J'avais besoin de redresser le cap si je ne voulais pas partir à la dérive. Le conseil de Walter Wolf me revint alors en mémoire. Je déchirai une feuille sur un bloc qui traînait, fermai les yeux et laissai aller mon crayon. Quand j'ouvris les yeux, mon dessin me laissa encore plus perplexe : un énorme sens interdit trônait là, au beau milieu de la feuille.

Dans ces moments-là, une seule solution : appeler Caro à la rescousse. Rien que d'entendre sa voix légèrement ironique me rendit le sourire.

— Salut, Didi, comment se passe ton petit week-end en amoureux ?

— Mal, répondis-je. Et je lui racontai tout en détail.

— Quel naze ! grogna Caro, avec colère.

— Tu sais, Caro, je me demande si tout ça ne vient pas de Wolf : avant lui, tout allait très bien. Depuis que je l'ai rencontré, je n'ai que des ennuis.

— Bien sûr, ma poulette. C'est la faute de Wolf ! répondit-elle en ricanant.

— Bon, Caro, ça suffit ton persiflage. J'ai besoin que tu m'aides. Pas que tu te fiches de moi.

Caro changea de ton :

— OK. Excuse-moi, Didi.

Elle réfléchit un instant, et reprit :

— Ça y est, je sais ce qu'il faut faire : organisons une « chasse au trésor ».

— C'est tout ce que tu as à me proposer, Caro ? Vraiment ?

— Tais-toi et écoute-moi. Depuis que tu as rencontré ton M. Wolf, tu as accumulé un certain nombre d'indices. Et si nous mettions tous ces indices bout à bout ? Comme dans un rébus ? Est-ce que ça nous mènerait quelque part ?

Je dois avouer que Caro n'était jamais à court d'idées. Et j'admirai une fois de plus sa capacité à ne pas se laisser arrêter et à trouver une manière élégante de rebondir.

— Mais pour chercher quoi ?

— Je ne sais pas encore, mais je pressens que c'est ce qu'il faut faire. Me fais-tu confiance ?

Je pris un temps avant de répondre. Je ne savais plus trop à qui me fier ou à quoi me raccrocher en ce moment. Je partais en vrille, Chauffessac délirait à tout bout de champ, et un inconnu sorti de nulle part m'avait refilé ce livre qui me faisait passer pour une folle auprès de mon amoureux. J'avais l'impression de voir le monde à l'envers. Pour le coup, la carte du tarot n'avait pas menti... Je souris :

— Je te suis, Caro, à cent pour cent. Mais il faudra quand même que tu m'expliques plus en détail.

— Alors, on se lance. Dès que tu reviens à Paris, tu rappliques à la maison. Et, en attendant, interroge ton livre ! Et garde les yeux grands ouverts. Quant à ton dessin...

Elle répéta plusieurs fois *sens interdit, sens interdit* et s'exclama :

— Mais oui, bien sûr : Pierre-Laurent barre la route à tes désirs ! Tu ne peux plus avancer. Ou alors... ajouta-t-elle prudemment, en s'arrêtant là.

— Mais quoi ? Qu'est-ce que tu veux dire ? la pressai-je.

— Écoute les mots : *sens interdit*. C'est exactement ce qui vient de se passer ! Tu t'interroges sur le sens de ce que tu vis, tu trouves une piste grâce à Walter Wolf et à son livre, et paf, ton fiancé t'oblige à lâcher tout ça : *il t'interdit de trouver du sens*, comme si c'était dangereux pour lui, pour vous... Mais, au fond, pourquoi est-ce qu'il trouve ça menaçant ? Parce qu'il est rempli de préjugés et complètement incapable de faire preuve d'ouverture d'esprit et d'un peu d'originalité...

Elle exagérait tout de même, même si je trouvais son interprétation intéressante. Cela dit, ce qu'elle disait n'arrangeait pas du tout mes affaires. Je raccrochai, un peu désorientée. Et maintenant, je faisais quoi ? Le livre pouvait-il m'aider à me sortir de cette impasse et à retrouver un peu de légèreté ? Avant de l'ouvrir, je fermai les yeux et me concentrai très fort.

— À toi de jouer, l'ami !

Mes deux mains s'écartèrent et j'ouvris grand les yeux :

Regarder la vérité en face
Et ne plus se cacher de sa lumière
Pour aller plus loin

10

Je continuai à lire :

Ce que nous ne voulons pas voir nous barre la route
Et nous empêche d'accéder à nous-mêmes

À quoi tes yeux restent-ils fermés ?
Que refuses-tu de regarder en face ?
Quelle vérité ne t'est-il pas possible d'accepter ?

Nous avons tous un jour ou l'autre dit non à ce qui était là, devant nous
Parce que c'était trop difficile à reconnaître
Cela risquait de perturber un équilibre auquel nous tenions trop
Ou menaçait une sécurité qui nous était indispensable, pensions-nous

Regarder nous aurait obligés à changer
À quitter quelqu'un, à renoncer à quelque chose d'important
À affronter le vide, à marcher seul vers l'inconnu
Tout ce que nous n'avons pas pu faire
Au moment où la vie nous le proposait

Pourtant, elle était de notre côté
Pourtant, elle aurait marché avec nous
Vers ces cieux plus étoilés
Et ces paysages plus foisonnants
Auxquels une part de nous aspirait depuis toujours

Nous avons préféré faire comme si nous ne savions pas
Que nous avions désespérément besoin d'autre chose

Et si le moment était venu pour vous de voir plus clair ?
Et d'ouvrir les yeux sur ce qui ne vous convient plus ?
Aurez-vous ce courage-là aujourd'hui ?

N'oubliez pas que la vie souffre de vous voir hésiter
Elle vous tend les bras et n'attend plus que vous lui donniez la main
Pour aller ensemble rejoindre les étoiles

Je restai là, les yeux dans le vague, ne sachant quoi penser. Ce texte m'était adressé, c'était clair. Mais il me faisait peur. Pourquoi devait-on nécessairement se poser des questions dérangeantes ? N'était-ce pas inutile, voire même dangereux, d'aller creuser au fond de soi, et de risquer de perdre une sécurité chèrement acquise ? Et tout cela pour quoi, au juste ? Qu'y avait-il donc de si important à gagner ? J'étais perdue et impuissante.

Pierre-Laurent était remonté dans la chambre. Il prit mes mains dans les siennes et avoua :

— Je suis inquiet pour toi, tu sais. Depuis l'incident (il se référait bien sûr à mon « geste malencontreux »), je m'inquiète pour ton équilibre. Ce travail te bouffe. Tu as peut-être trop forcé et outrepassé tes limites. Il est temps que tu fasses plus attention à toi.

Je le sentis réellement concerné et cela avait le don de m'attendrir. Au fond, peut-être fallait-il que j'apprenne à lui faire confiance ? Peut-être était-ce ça le message du livre ? Pierre-Laurent était quand même la personne la plus importante à mes yeux. N'était-il pas grand temps que j'interrompe mes simagrées de petite fille capricieuse pour devenir enfin une femme responsable ? Entre les de Sorel-Moucy ou les Wolf, dans quel monde avais-je envie de vivre ? Si la réponse à ces questions n'était pas encore claire, il allait pourtant falloir que je choisisse mon camp. Je ne pouvais pas être à ces deux endroits en même temps tant ils semblaient être en complète contradiction. À moi de me déterminer, une bonne fois pour toutes. Si j'avais flashé sur Pierre-Laurent, cela voulait bien dire quelque chose, non ? Je passai ainsi le reste de la journée à cogiter, tout en mettant de l'eau dans mon vin : oui, je comprenais son inquiétude, oui, je me ménagerai au travail et éviterai de me disperser pour mieux me concentrer sur notre avenir commun. En réalité, au fond de moi, j'avais un plan : j'irai voir les Wolf une dernière fois, pour me faire tirer le Yi Jing et pour prendre congé de façon civilisée. Ensuite, je pourrai mettre fin à mes incursions ésotériques. Et la vie reprendrait son cours normal.

— Tout ça, c'est fini, mon cœur, ne t'inquiète pas. Je t'en fais la promesse. Tu comptes plus que tout pour moi et notre couple aussi.

Il me regarda avec bonheur. Je sentais que j'avais enfin trouvé les mots. Le soir même, nous nous installâmes au salon pour l'apéritif. Les ennuis ne faisaient cependant que commencer…

J'étais en train de trier soigneusement les cacahuètes des noix de cajou pour me faire bien voir de ma belle-mère lorsque j'entendis une voiture vrombir dans l'allée : c'était Georges, accompagné d'un couple de leurs amis parisiens, de passage à Deauville, qui venaient dîner avec nous. J'étais un peu nerveuse : j'avais beau être avocate d'affaires, gagner de l'argent et être tout à fait à l'aise socialement, les parents de Pierre-Laurent évoluaient dans un univers beaucoup plus cossu que le mien. Je me sentais à la fois flattée d'avoir la chance d'y pénétrer, mais toujours un peu décalée. Mes amis étaient plus simples. Mais j'avais la chance de passer facilement partout avec mon look de jeune fille rangée, à l'aise dans son époque. On disait souvent que j'étais jolie, naturelle et très bien élevée. Oui, je pouvais me targuer de ressembler à la « belle-fille idéale ».

Sauf que, ces derniers temps, je me découvrais une autre facette, plus chaotique, et totalement imprévisible, dont je m'accommodais difficilement. Jusque-là, la provocation n'avait jamais été mon fort. Or, en moins de temps qu'il n'en faut pour le dire, j'avais rembarré ma future belle-mère sans la moindre hésitation, inondé mon fiancé de jus de framboise et perdu un dossier ultraconfidentiel dans une librairie ésotérique. Je m'étais laissé entraîner vers des pratiques divinatoires remontant à la Chine ancienne. Et, pour couronner le tout, j'avais hautement contribué à expédier mon fiancé sur le billard. En y réfléchissant, tout cela dessinait une bien piètre image de moi. Encore heureux que je n'aie pas fait plus de dégâts ! Alors, ce soir, j'allais me tenir à carreau.

Le petit groupe entra dans le salon et vint à notre rencontre :

— Hugues Falsify, enchanté.

Je vis s'avancer vers moi un homme d'une taille impressionnante. Il sourit, en me serrant la main avec force :

— Vous êtes la fiancée de Pierre-Laurent, c'est bien ça ?

— Oui, ravie de faire votre connaissance, monsieur Salsify.

— Falsify, rectifia-t-il sur-le-champ.

Je rougis légèrement. Il ne sembla pas vexé (peut-être avait-il l'habitude ?) et s'installa confortablement dans le premier fauteuil venu.

Sa femme le suivait de près, mince et délicate. Elle avait un joli visage, gracieux et ouvert. Ils avaient l'air d'un couple charmant et je me sentis plus détendue. Je me rendis compte bien plus tard qu'à ce moment-là j'avais négligemment baissé la garde, alors que j'aurais dû maintenir le niveau *vigilance orange*. Pierre-Laurent commença à nous servir à boire. Mme Falsify opta pour un cocktail à base de liqueur de framboise et je vis mon fiancé tressaillir légèrement. Il me jeta un coup d'œil à la dérobée. Je fis « non » de la tête et lui désigna la bouteille de cherry. Il soupira, l'air visiblement soulagé.

— Vous travaillez chez Fiche, Élodie, je crois ? interrogea Hugues Falsify.

— Oui, tout à fait. Depuis cinq ans à peu près.

— J'ai rencontré Chauffessac récemment, continua-t-il, il n'avait pas l'air très en forme…

— Ah bon ? Pourtant, il va très bien, dis-je précipitamment.

Hugues Falsify me lança un regard en coin.

— J'imagine qu'il ne parle pas de sa vie privée avec ses collaboratrices.

Pierre-Laurent vint à mon secours :

— Élodie travaille souvent avec lui. Chauffessac lui confie beaucoup de choses.

Il servit un verre à Hugues.

— Et vous, Hugues, toujours dans les vignes ?

J'imaginai Hugues Falsify en short, en train de tripoter ses grappes de raisin. Je pouffai. Tous les regards se tournèrent vers moi. Je fis semblant de tousser, comme si quelque chose m'était resté en travers de la gorge et quittai précipitamment la pièce. Attention, Élodie, me dis-je sévèrement : on ne te pardonnera pas un nouveau faux pas. Je revins, un verre d'eau à la main, et m'assis en essayant de passer inaperçue. Peine perdue : Yvonne m'observait sans mot dire, d'un air hautain. Elle releva une mèche de ses cheveux avec agacement, puis détourna la tête.

Nous passâmes à table. La conversation tourna autour des affaires politiques récentes, puis des différents voyages des uns et des autres. Les hommes parlaient entre eux. Yvonne et Sophie Falsify devisaient chiffons et recettes de cuisine diététiques. Je restai silencieuse. J'avais du mal à prendre part à ce qui se disait. Les sujets ne m'inspiraient pas particulièrement. Je repensais à mon repas chez les Wolf et à l'animation joyeuse qui régnait là-bas. J'avais eu d'emblée mille choses à partager avec eux. Je sentis un pincement au cœur. Quel dommage ce serait de ne plus les voir ! Perdue dans mes pensées, je pétrissais machinalement des boulettes de mie de pain que je collais sous la table, lorsque Hugues Falsify me tira brusquement de ma rêverie :

— Vous ne dites rien, Élodie : il y a bien quelque chose qui vous intéresse, vous, dans la vie ?

Je restai interdite pendant quelques secondes. Rien ne me venait à l'esprit. Je finis par répondre timidement :

— Heu, plein de choses : mon travail, ma famille, mon couple bien sûr !

Tout cela sonnait creux. Georges me toisa derrière ses lunettes et s'adressa à Hugues, toujours en me regardant :

— Élodie va se consacrer bientôt essentiellement à notre fils. C'est pour ça qu'elle est parmi nous aujourd'hui. N'oublions pas l'heureux événement qui se prépare !

— Ah bon, gloussa Mme Falsify, vous êtes enceinte ?

Son mari leva les yeux au ciel :

— Mais non, *darling*, Georges parlait du mariage…

Puis le brouhaha de la conversation reprit son cours. Tout à coup, j'entendis ma voix résonner à travers la salle à manger, comme si c'était celle de quelqu'un d'autre :

— À vrai dire, il n'y a pas que Pierre-Laurent dans ma vie !

Ce dernier devint blême et ouvrit grand la bouche. Il en sortit un son plaintif. Georges faillit s'étouffer. Yvonne me dévisagea avec colère et commença à triturer fébrilement son couteau. Quant aux Falsify, ils ne pipaient mot. Chacun semblait suspendu à mes lèvres, attendant la suite…

— J'ai découvert récemment des sujets passionnants.

Le soufflet retomba. Pierre-Laurent reprit sa couleur normale. Yvonne posa lentement son couteau. Son mari expira bruyamment. Hugues et Sophie plongèrent de nouveau le nez dans leurs assiettes. Falsify prit le parti de m'interroger sur ce que je venais d'annoncer, comme si cela présentait pour lui un quelconque intérêt.

— Ah bon ? Et dans quel domaine ? lança-t-il, avec un semblant de curiosité.

— Eh bien, répondis-je avec aplomb, *j'explore les instruments de navigation intérieure.*

Je sentais que je marchais au bord du précipice mais je continuai allègrement : mon agent provocateur était de nouveau aux commandes ! Pour la première fois, je le visualisai avec effroi : un diablotin, habillé en tenue de cirque, agitant joyeusement ses grelots dans tous les sens. Il avait, de toute évidence, envahi la cabine de pilotage dont parlait Walter, et, goguenard, narguait le pilote en riant aux éclats. Ce dernier était attaché à une chaise, bâillonné, impuissant. L'image était à la fois très inquiétante et, en même temps, particulièrement jouissive. Je pris ma respiration et me jetai dans le vide. Il était trop tard pour revenir en arrière. Le bateau avait pris le large, sous le commandement de mon mauvais génie. Et hop, vogue la galère…

Je me lançai donc dans une grande tirade sur le « sens de la vie », comme si j'étais devenue la spécialiste du sujet. Je leur expliquai ingénument l'importance qu'il fallait y accorder et où on pouvait trouver des pistes d'exploration. Je détaillai ensuite minutieusement mes différentes expériences avec Walter Wolf et finis même par évoquer le livre. Pendant tout ce temps, je fixais résolument un point imaginaire au-dessus de la télévision. J'avançais hardiment, mais je sentais l'air devenir de plus en plus lourd. À la fin de mon petit discours, je me levai, triomphante. Je m'attendais à une salve d'applaudissements. Personne ne manifesta quoi que ce soit. Georges s'adressa juste à sa femme, le visage fermé :

— Passe-moi le fromage, dit-il d'un ton cassant.

Finalement, le monde se désintéressa de moi. Le café fut pris au salon, comme d'habitude. Les hommes retournèrent à leurs sujets favoris, en fumant le cigare et en agitant nerveusement leurs verres de cognac, comme d'habitude. Yvonne et Sophie, un peu sous le choc, tentèrent de ne rien montrer et se mirent à feuilleter des magazines de déco et à papoter sur un ton détaché, comme d'habitude. Seul Pierre-Laurent me regardait d'un air anéanti. Il n'avait pris ni cigare ni digestif. Il faisait la même tête que le pilote. Rivé à son siège, il lui manquait juste le bâillon et les cordes autour de la poitrine. J'avais franchi un cran de plus vers l'irréparable. Allais-je être rayée de la carte ? Je ne ressentis pas tout de suite la gravité de ce que j'avais fait. Mais, comme après une anesthésie dentaire, la douleur fit peu à peu son apparition. Je réalisai que j'avais fait tache dans un milieu où j'étais censée ne pas avoir d'opinions trop personnelles et où les sujets que j'avais évoqués n'avaient aucune existence légale. Il faut dire que j'avais mis le paquet : tarot, astrologie, Yi Jing... Tout y était passé. Il allait être difficile de revenir à quai !

J'étais accablée : le joker farceur avait cherché une fois de plus à me jouer un très mauvais tour. Mais pourquoi ? À quelle fin ? Pourquoi m'avait-il pris pour cible ? Comment allais-je pouvoir m'en débarrasser ? Les questions m'assaillaient et je ne savais comment y répondre. La seule chose à faire était de disparaître avec un semblant de dignité : je pris rapidement congé de tous pour monter me coucher. Il me sembla entendre quelques ricanements étouffés. Pierre-Laurent ne m'accorda même pas un regard.

11

Le lendemain, l'ultimatum tombait : « Élodie, soit tu *jettes* ce livre aux oubliettes et tu oublies tout ce qui va avec, ton Wolf et tout le tralala. Soit tu pars d'ici et je ne te revois plus jamais. Tu choisis. »

Ainsi avait parlé Pierre-Laurent. Il ne m'avait pas adressé la parole depuis hier soir. Il s'était levé sans même me dire bonjour et avait filé sous la douche. Il en était sorti au bout de quelques minutes et s'était planté devant moi, enroulé dans une serviette de bain rose, les cheveux ébouriffés. Il s'était approché du lit où je faisais semblant de dormir encore et avait déclamé sa tirade d'un trait. Il ne plaisantait pas. Sur le coup, je ne me donnai même pas le temps de réfléchir une seconde : l'idée d'être rejetée m'était intolérable. Je sortis du lit précipitamment, farfouillai dans mon sac et lui tendis le livre. Je n'attendis pas sa réaction et filai sous la douche à mon tour.

Une fois dans la salle de bains, néanmoins, je me demandai ce qu'il comptait faire. Oserait-il vraiment jeter le livre à la poubelle ? Ce serait quand même moche de sa part... Tout à coup, une idée me traversa : et si j'allais le récupérer ? Je pourrais aisément fouiller le conteneur à papiers sans que personne ne me voie. Sauf si, bien sûr, Pierre-Laurent décidait de lancer le livre à la mer, par exemple. Mais non, il n'irait pas jusque-là. Ainsi, je pourrais le récupérer et le ramener à M. Wolf en lui expliquant la situation. Il comprendrait. Mon plan me rendit le sourire. Je sortis de la douche et commençai à m'habiller

lorsque j'entendis le murmure lointain d'une conversation :
Yvonne et Pierre-Laurent discutaient dans la cuisine et, de la
fenêtre, quelques bribes parvenaient jusqu'à moi :

— Sensationnelle, Élodie ? Mais enfin, mon chéri, gémit
Yvonne, tu trouves ça réellement sensas de se faire tourner la
tête par ce Vloff ?

— Écoute, maman, je ne sais pas ce qu'il lui a promis. Mais il
est très fort, ce type !

Yvonne sembla réfléchir un instant. Puis je l'entendis répondre :

— Et si tu prenais rendez-vous avec lui pour le menacer de
porter plainte ? Il doit y avoir des recours contre ce genre
d'hurluberlus ?

— Tu crois qu'il faut aller jusque-là ? Oui, tu as peut-être
raison, avec ces charlatans, il faut se montrer ferme...

Mon sang ne fit qu'un tour. *Cette Yvonne*, me dis-je, en tentant
audacieusement une nouvelle échappée linguistique, *me tape
sur les nerfs à donfissimmo. Porter plainte contre Walter Wolf ! Pour
qui se prend-elle ?* Mais de quoi ma belle-famille avait-elle si
peur ? Je ne m'étais sentie à aucun moment en danger chez les
Wolf. Au contraire : j'avais été accueillie, écoutée avec attention et ils n'avaient en aucune manière cherché à m'influencer.
S'il s'agissait d'une secte, ils n'étaient pas très virulents ! On
aurait pu objecter qu'il fallait bien apprivoiser ses proies avant
de les dévorer toutes crues. Alors, tout ça ne serait qu'une mise
en scène destinée à m'amadouer et à me séduire pour mieux
me phagocyter ensuite ? Non, cette idée ne tenait franchement
pas debout. Le seul charme qui opérait depuis le début relevait
plus de l'enchantement que du lavage de cerveau. Les Wolf
ne semblaient pas du genre à imposer leurs vues, mais plutôt
à vous faire réfléchir par vous-même. D'ailleurs, c'était ce que
j'avais à la fois apprécié chez eux et, en même temps, trouvé
difficile à accepter. Cela m'obligeait à me confronter à des

questions délicates, à mettre des mots sur ce que je ressentais vraiment, et je ne m'en sentais pas encore capable.

L'idée de repêcher le livre dans la poubelle me rendait quand même un peu mal à l'aise. Faire les choses en douce derrière le dos de mon fiancé n'était pas digne de moi. Oui, mais avais-je réellement le choix ? Pierre-Laurent ne supporterait pas de savoir que je revoyais Walter Wolf. Tant pis, ce serait un mensonge pour la bonne cause.

En attendant, le livre avait disparu. Je descendis prudemment au rez-de-chaussée, passai avec précaution devant la porte de la cuisine où s'étaient enfermés Pierre-Laurent et Yvonne pour discuter en secret. Je me dirigeai vers le local à poubelles lorsque je croisai Georges, en peignoir, le journal à la main. Il me lança un regard narquois :

— Vous avez bien dormi ?

Je marmonnai « Oui, Georges, bonjour » et filai aux toilettes pour lui échapper. Dès qu'il fut remonté au premier étage, je m'éclipsai prudemment vers la cour et commençai à farfouiller dans le container. Rien. Je fus prise de panique : c'était plus grave que je ne le pensais. Pierre-Laurent avait dû se débarrasser du livre d'une façon radicale. Je pris peur et entrai dans le salon avec un affreux pressentiment. Dans la cheminée crépitait un petit feu, aux braises rougeoyantes. Je m'approchai avec précaution. J'avais vu juste : au milieu des bûches, une tête de lion, grave et digne, me regardait tristement, léchée par les flammes. Mon précieux livre avait été flanqué au feu, comme un vulgaire papier journal ! Il n'en restait qu'un petit tas jauni, racorni. Je bondis, le sauvai des flammes et le jetai par terre. Je me saisis d'une vieille couverture qui traînait là pour le piétiner fiévreusement. Les petites flammes disparurent. J'enveloppai le tout avec une précaution infinie, comme si je tenais un petit animal accidenté entre mes mains et montai précipitamment dans la chambre.

Quelle horreur, pensai-je. Je ressentis une immense tristesse et beaucoup de lassitude. J'inspectai fébrilement ce qui avait survécu. Heureusement, une bonne partie de la couverture avait échappé au désastre et la plupart des feuilles étaient encore lisibles. J'étais arrivée à temps ! Le livre n'en serait peut-être que plus mystérieux. Une page s'était détachée et gisait par terre, à côté de mes pantoufles. Je la retournai avec douceur. Mon cœur se serra : un magnifique cheval blanc, en position cabrée, me regardait intensément. Dessous, ces quelques mots inscrits en italique m'étaient adressés : *Ne renonce jamais à toi-même. Jamais, sous aucun prétexte. La vie t'en remerciera.*

« Mais *quand* vas-tu comprendre Élodie » ? me dis-je malgré moi. Je ne savais d'où venait cette voix mais elle m'apostrophait avec force. Bon, voilà que je me dédoublais. Oui, me répondit mon interlocuteur, exactement, Élodie, tu penses que tu peux être dans deux camps ennemis à la fois. Continue comme ça, ma belle, et tu n'iras nulle part ! Et la voix disparut. Je commençai à m'inquiéter. Je reconnaissais bien là le style de Caro mais le ton de la voix était plus grave, plus pressant. Comme s'il était temps que j'agisse. Le problème, c'est que je ne savais pas par où commencer. J'étais plongée dans le noir le plus complet. Aucune bougie n'éclairait ma route.

Et si j'appelais ma mère ? Avec son expérience, elle pourrait certainement me conseiller. L'idée ne me plaisait qu'à moitié car ma mère détestait les conflits et elle serait sûrement fâchée d'apprendre qu'il y avait de l'huile sur le feu avec Pierre-Laurent. Je tentai quand même l'expérience et composai son numéro.

— *Hello*, ma chérie ! répondit ma mère sur un ton réjoui. Comment vas-tu, mon poussin ?

— Bien, maman… Nous sommes à la mer, chez les parents de Pierre-Laurent.

— Ah, je suis ravie pour vous ! J'espère que vous avez beau temps. Georges et Yvonne vont bien ?

— Oui, maman.

— Figure-toi que je suis en train de repiquer des dahlias…

Je discutai avec elle une dizaine de minutes mais ne trouvai aucune brèche pour amener le sujet sur le tapis. Maman était terriblement bavarde et avait toujours besoin de tout raconter jusqu'au moindre détail. Cela agaçait beaucoup mon père qui avait pour principe de ne jamais l'écouter plus d'une minute. À la fin de notre conversation, je me retrouvai donc à la case départ lorsque Pierre-Laurent entra dans la chambre. Je sursautai, pris l'air innocent, et cachai le livre sous les draps de notre lit. Il vint s'asseoir à côté de moi et mit son bras autour de mes épaules. Je le vis remuer les fesses, comme si quelque chose le gênait. Je lui sautai au cou pour ne pas qu'il remarque le renfoncement sous les couvertures :

— Je suis désolée, mon cœur. Je ne sais plus quoi faire pour que tu me pardonnes.

Je l'attirai fébrilement vers la fenêtre et continuai sans trop réfléchir :

— Dis-moi ce qui te ferait plaisir… Un bon restau ? Un voyage ?

Il me regarda, un peu interloqué :

— Mais, Élodie, tu n'as rien à te faire pardonner. Je veux juste vivre normalement avec toi et que tout aille bien. Allez, on oublie tout ça définitivement et on regarde vers l'avenir. Tu veux bien ?

Sa bonne volonté était touchante. Mais est-ce que ça allait suffire ? Une partie de moi avait envie d'y croire tandis que l'autre lui aurait volontiers renversé la poubelle sur la tête.

Pour gagner du temps et couper court à toute discussion, je l'embrassai du bout des lèvres et lui promis que cette fois serait la bonne : d'accord, j'avais commis une bêtise, je m'étais comportée de manière immature, mais, après tout, j'étais sûrement un peu stressée par le mariage ! Cela sembla le rassurer et nous ne parlâmes plus de rien. Nous passâmes ainsi la journée ensemble, sans rien faire de spécial. À un moment cependant, il s'approcha de moi en déboutonnant sa chemise d'un air entendu, mais j'étais encore beaucoup trop en colère contre lui. Je le gratifiai d'un « Ah non, pas maintenant ! » plutôt brusque qui le refroidit aussi sec. Il dut se rendre à l'évidence : il faudrait encore patienter ! Je n'étais pas du tout dans le trip « ôte ton slip », comme nous disions avec Caro.

Quant à Georges et Yvonne, ils nous avaient laissés seuls et avaient emmené le couple Falsify à Deauville, à une vente de chevaux arabes. Je ne les avais pas revus depuis notre soirée d'hier et c'était aussi bien comme ça. Pierre-Laurent m'avait finalement reconduite à la gare et m'avait serrée très fort dans ses bras. Une fois installée dans le train pour Paris, je m'étais affalée au fond de mon siège, les écouteurs dans les oreilles et avais laissé la déception remonter à la surface. J'avais tristement regardé défiler le paysage, en rongeant mon frein et en pestant contre Pierre-Laurent. Je n'aurais pas imaginé qu'il était aussi figé et incapable d'ouverture. Sa réaction vis-à-vis du livre m'avait blessée et avait semé le doute en moi. La nuit qui tombait m'apaisa un peu. Je me laissai progressivement bercer par le ronronnement du train jusqu'à m'assoupir.

Tout au fond de ma valise, bien emmitouflées dans ma veste de pyjama, une petite tête de lion jaunie par les flammes et les pages que j'avais pu sauver du *Petit Manuel de réenchantement* roulaient elles aussi vers la capitale. Mais j'étais la seule à le savoir...

« Merci ! » murmura une voix. C'était la mienne.

12

À PEINE RENTRÉE À PARIS, JE PRIS mon courage à deux mains et appelai Walter Wolf. Je lui laissai un message en expliquant que j'avais besoin de le voir d'urgence, sans oser lui dire pourquoi. Caro insista pour m'accompagner, prétextant que ce serait plus facile d'y aller à deux. Elle avait sans doute raison, mais je sentis qu'en réalité elle avait très envie de rencontrer ce mystérieux personnage. Walter me proposa de passer le dimanche suivant en matinée. Il en profita pour m'inviter à rester déjeuner avec eux à l'occasion de leur brunch mensuel entre amis. Je lui répondis que j'hésitais car ma meilleure amie souhaitait m'accompagner et je ne voulais pas leur imposer deux convives supplémentaires. Ce à quoi Walter Wolf répondit par un joyeux rugissement et considéra l'affaire réglée. Je ne me voyais pas du tout lui ramener le livre dans un tel contexte. Que penseraient ses amis ? J'imaginais leurs regards éberlués devant mon petit paquet roussi et M. Wolf me chasser dehors, en m'invectivant de façon tonitruante, des éclairs de colère dans les yeux. J'allais une fois de plus me rendre ridicule.

Le mardi soir, je rentrai chez moi après une journée chargée. Je n'avais qu'une hâte : me préparer un bon petit plateau télé et m'écrouler sur le lit. J'ouvris la porte cochère et croisai Mathias Leblanc, mon voisin anesthésiste, accompagné d'un jeune homme blond et assez beau garçon.

— Élodie ! Vous allez bien ? Je vous présente Stanislas. Nous allons au restau. Ça vous dit de vous joindre à nous ?

J'hésitai un instant. Je ne me sentais pas très en forme, mais j'étais contente de voir Mathias Leblanc, dont j'avais gardé un bon souvenir. Notre conversation à l'hôpital nous avait permis de faire connaissance et nous nous étions promis de nous revoir. Le contact passait bien entre nous. J'aimais sa franchise, son côté direct, et sa gentillesse. Je me sentais très à l'aise avec lui, comme avec un pote de longue date, alors qu'on se connaissait à peine. Et puis, son ami ne me laissait pas indifférente. Pourquoi ne pas accepter, après tout ?

— Ben, écoutez, Mathias… vous êtes sûr que je ne suis pas de trop ?

Il me regarda comme si j'avais dit une ânerie :

— Quelle drôle d'idée ! Si je vous le propose, c'est bien que j'en ai envie, non ? Et puis, justement, je parlais de vous à Stan il y a deux minutes. Ça vous donnera l'occasion de faire connaissance.

Stan me tendit la main :

— Stanislas Kopeckjewsky. Je suis polonais, ajouta-t-il en souriant, comme pour me rassurer.

— Élodie Garnier, répondis-je, un peu troublée. Son sourire était magnifique et c'était tout à fait mon type d'homme : grand, blond, athlétique. Peut-être que Mathias avait une intention derrière la tête en me le présentant ? Je n'étais pas encore mariée et j'avais soudain très envie de vérifier si mon charme aller opérer sur Stan. Je leur suggérai de monter avec moi à l'appartement, le temps que je me change et ils acceptèrent volontiers. Nous montâmes donc au second et je les installai dans mon salon, pendant que j'allais choisir une tenue un peu plus sexy que mon tailleur de travail. En un clin d'œil, je retouchai savamment mon maquillage, me donnai un coup de brosse et fis mon apparition dans le salon.

Cela n'eut absolument pas l'effet escompté : ils fixaient tous deux le sol, absorbés dans la contemplation de la tache rose bonbon qui s'étalait outrageusement à leurs pieds. Il était impossible de la louper malgré mes efforts répétés pour la faire disparaître.

— Oh, dites donc, Élodie, ne le prenez pas mal mais… la déco, c'est vous ? questionna Mathias avec ironie.

Je rougis légèrement.

— Mathias, je n'oserai jamais vous dire d'où ça vient, répondis-je bêtement. J'aurais pu inventer n'importe quoi au lieu de répondre cette phrase qui piqua leur curiosité au vif.

— Ah, non, vous en avez trop dit. Racontez-nous ! protesta Mathias en riant.

Je leur racontai donc l'épisode du verre renversé. Ils se lancèrent un regard complice et Mathias secoua la tête :

— Vous, vous n'êtes vraiment pas banale !

Stan renchérit :

— Je ne vous connais pas, Élodie, mais je trouve ça très… intéressant. Ça vous arrive souvent ?

— Ne lui répondez pas, vous risquez d'y passer la soirée, pouffa Mathias. Il tourna la tête vers moi et chuchota :

— Stan est psychanalyste. Méfiez-vous.

J'ouvris de grands yeux et me retournai vers Stan :

— Vous pensez que j'ai perdu la tête ? demandai-je avec un soupçon d'ingénuité, en battant légèrement des cils. J'eus conscience que j'en faisais un peu trop et repris mon phrasé habituel : Peu importe d'ailleurs. C'est trop tard.

— De toute façon, si vous l'avez fait, c'est que cela avait du sens pour vous.

Je me tournai vers Stan remplie d'espoir. J'étais rassurée de savoir que, à ses yeux du moins, je n'avais pas totalement perdu la boule.

— C'est vraiment ce que vous pensez ?

— Mais oui. Tout ce que nous faisons a forcément du sens, même si cela ne nous saute pas aux yeux, répondit Stan, avec conviction. Vous savez, nous avons tous une moitié visible et une autre invisible, comme disait ce bon vieux Paracelse. Et elles ne font qu'une, en réalité. Mais nous passons notre temps à oublier la moitié invisible ou à faire comme si elle n'existait pas. Alors, notre vie devient totalement inintelligible…

Je n'en revenais pas. Je croyais entendre M. Wolf. Ce Stan me semblait quand même assez atypique pour un psychanalyste. Mathias sembla deviner mes pensées car il ajouta :

— Stan est jungien.

Je fis semblant d'apprécier cette précision et plissai les yeux avec approbation.

— Nous allons avoir beaucoup de choses à nous raconter, alors, repris-je sur un ton suave, comme si je goûtais pleinement la nuance.

Mathias m'interrompit et interrogea Stan du regard. Celui-ci hocha la tête.

— Puisque nous en sommes aux confidences, Élodie, nous allons nous aussi vous dévoiler quelque chose. Il me regarda sans rien dire, l'air entendu.

— Allez-y Mathias ! lançai-je avec impatience.

Mathias jeta de nouveau un coup d'œil à Stan et murmura :

— Stan et moi allons nous marier.

— Ah, c'est génial ! acquiesçai-je. Et vous allez vous marier *en même temps* ?

Pourquoi pas, l'idée semblait amusante. Mathias me fixa en fronçant les sourcils :

— Ben oui, de préférence ! rétorqua-t-il, avec une pointe d'agacement dans la voix.

Stan toussota légèrement :

— Mathias veut dire que nous allons nous marier ensemble, Élodie, précisa-t-il doucement, comme s'il voulait me ménager.

Je secouai la tête :

— Je n'avais pas compris. Je suis désolée, ajoutai-je, je… c'est la première fois que ça m'arrive de me retrouver dans cette situation.

Ma bonne humeur s'effondrai comme un château de cartes.

— Ça vous choque ? s'enquit Mathias, un peu agressif.

Je les regardai sans répondre. En réalité, je me sentais surtout complètement ringarde.

— Je ne sais pas quoi vous dire, Mathias. En fait, je n'avais pas percuté. Désolée !

L'idée ne m'avait absolument pas traversé l'esprit : à peine avais-je aperçu Stan que j'avais éprouvé l'envie pressante de lui mettre le grappin dessus, juste pour voir.

Stan remarqua mon embarras et posa sa main sur mon bras :

— Vous avez le droit d'être choquée et d'avoir besoin de temps pour vous y faire. Vous ne seriez pas la première ! Mais, en tout cas, sachez que je suis sincèrement heureux de faire votre connaissance. Et j'espère que nous aurons souvent le plaisir de vous croiser.

Je souris. La vie m'aurait-elle de nouveau envoyé un messager ? Il me semblait que Stan en savait lui aussi beaucoup sur elle. Je décidai de mettre de côté ma réticence idiote et de les considérer comme un couple tout aussi légitime qu'un autre. De toute façon, ils m'étaient sympathiques et j'avais envie de passer du temps en leur compagnie. Nous allâmes donc dîner dans un petit restaurant du quartier que je connaissais bien. Je brûlais de savoir ce qu'était un psychanalyste jungien et Stan ne se fit pas prier pour me dévoiler les finesses de son métier.

— Imaginez-vous, Élodie, que vous êtes sur un chemin depuis que vous êtes née. Ce chemin, vous pensez le faire toute seule avec vous-même. Eh bien, ce n'est pas tout à fait vrai. Vous avez, tout au fond de vous, un allié. Un allié puissant, qui, inlassablement, vous dirige là où vous devez aller, avec une intelligence et une finesse incroyables. Disons qu'il sait parfaitement ce dont vous avez besoin et qu'il n'aura de cesse que vous y parveniez le plus complètement possible… Eh bien, voilà : c'est ce que Jung, le fameux psychanalyste suisse, a découvert à l'intérieur de la psyché humaine. Il a appelé cet allié le « Soi » et le chemin, le « processus d'individuation ». Et ça, c'est une découverte incroyable. Jusqu'alors, l'inconscient était considéré comme une sorte de « corbeille » de la psyché, dans laquelle on stocke ce dont on ne veut surtout pas. Avec Jung, il devient notre guide le plus puissant et le plus juste. Pas mal, hein ?

Je restai sans voix, une fois de plus. Si Stan disait vrai, c'était vraiment une excellente nouvelle : quelqu'un en moi savait finalement très bien vers où il fallait se diriger et pouvait agir avec cohérence. Cependant, en ce qui me concernait, je n'avais pas encore eu l'occasion de faire sa connaissance. Tout cela me rappelait le fameux navire de M. Wolf et son équipage.

— Mais Stan, cet allié ? Comment on fait pour lui parler ?

Stan sourit, avec indulgence.

— *Pour l'écouter*, Élodie. Car c'est lui qui a des choses à nous dire…

— D'accord. C'est à nous de l'écouter. Mais comment ? De quelle manière ? insistai-je, peut-être allez-vous me trouver légèrement terre à terre, Stan, mais j'ai envie de comprendre et ce que vous me dites me laisse un peu dans le vague.

— Je le vois bien, répondit Stan, en hochant la tête comme s'il en avait vu d'autres. Mais vous savez, c'est comme toutes les rencontres : il y a un temps d'apprivoisement. *Prenez le temps,* Élodie. Vous voulez aller trop vite et vous passez à côté de l'essentiel. Laissez tomber les questions concrètes : vous n'aurez pas le genre de réponse que vous attendez. Il n'y a pas de recette toute faite ni de méthode à appliquer à la lettre qui serait la même pour tout le monde. Il s'agit plutôt de commencer à vous écouter de l'intérieur, si je puis dire, et de vous brancher sur une autre fréquence, plus mystérieuse, plus poétique, moins directement accessible à l'œil nu. D'apprendre un autre langage, qui ne fonctionne plus du tout avec notre logique habituelle. Par exemple, votre truc de tout à l'heure, renverser votre verre sur la tête de votre fiancé, alors que vous parlez de préparatifs de mariage, ça voudrait dire quoi si vous tentiez de l'écouter autrement que comme un acte de folie ?

— Excellent ! Je ne m'étais jamais posé la question comme ça. Le problème, c'est que je ne sais pas du tout comment y répondre. Je réfléchis un instant et repris en souriant : J'avais peut-être envie de le relooker ? Je ne sais pas, de le rendre plus *chatoyant…*

— Peut-être le trouvez-vous un peu fade ? interrogea Mathias, effrontément.

Je décidai d'ignorer sa question et m'adressai à Stan :

— Vous savez, j'ai fait récemment une drôle d'expérience. J'ai tiré une carte de tarot et j'ai découvert que j'avais besoin d'avoir la tête à l'envers. De voir les choses tout à fait autrement, quoi, tentai-je de préciser.

Stan leva sa flûte de champagne à ma santé et me regarda attentivement, comme si je venais tout juste d'apprendre à marcher :

— Vous y êtes. Continuez à cheminer tranquillement en vous imprégnant de tout ce qui va vous revenir : les mots, les images, les événements. Petit à petit, le sens va apparaître comme un dessin qui reliera tous les points entre eux. Vous allez voir, c'est passionnant !

— Je ne sais pas si je pourrai faire ça toute seule, Stan, c'est compliqué pour moi. Mais je n'ai pas non plus envie de faire une psychanalyse, me hâtai-je de préciser.

Stan promit de me prêter quelques livres pour faire connaissance avec le sujet et que nous continuerions notre discussion dès que possible. Nous passâmes une excellente soirée et je les remerciai chaleureusement pour leur invitation. Ils décidèrent d'aller prendre un verre dans un quartier plus animé. Je les quittai donc pour rentrer à l'appartement. L'air était froid et vif. Je tombais de sommeil mais je me sentais en même temps pleine d'énergie, comme lorsque j'avais quitté Walter Wolf, le livre sous le bras. L'avenir m'apparaissait tout à coup d'une richesse inespérée.

Peut-être allais-je enfin apprendre à naviguer en haute mer ?

13

Le lendemain, j'eus un mal fou à arriver à l'heure au bureau tellement j'étais absorbée dans mes pensées. Je sentais qu'il était temps pour moi de mettre de l'ordre dans ce que j'avais découvert ces derniers temps. Je disposais de tellement d'informations nouvelles que je ne savais plus où les ranger. Caro m'avait proposé de rassembler tout ce matériau dès ce soir sur une grande feuille blanche pour essayer d'y voir plus clair. Comme dans une enquête de police, avais-je pensé. Oui, il y avait bien dans cette entreprise une dimension mystérieuse après laquelle je courais. Pas pour trouver un coupable, mais plutôt quelqu'un ou quelque chose d'inconnu qu'il me fallait rencontrer pour mieux me connaître et mener ma vie. L'idée du paquebot me revint à l'esprit. Pouvais-je un jour devenir maître à bord ? J'avoue que cette idée me séduisait.

Or, pour l'instant, je sentais bien que je me trouvais encore en terre étrangère et qu'il me fallait faire l'apprentissage d'une langue que je ne connaissais pas. D'autres, par contre, semblaient la parler tout à fait couramment. J'étais rassurée par la coïncidence de pensée entre Walter Wolf et Stan « Kopeck » : ils avaient l'air si bien dans leur peau et irradiaient d'un éclat qui me faisait envie. Leur variateur semblait poussé au maximum et leur rayonnement était contagieux. Peut-être qu'un jour, moi aussi, je pourrai apprendre à briller et à diffuser la *joie de vivre* autour de moi…

Pendant la pause-déjeuner, je ne résistai pas à l'idée de faire une petite incursion dans le *Manuel de réenchantement*. Je commençais à y prendre goût et à percevoir plus finement ce que le texte me renvoyait. Et là, encore, le livre me fournit une réponse qui me stupéfia par sa justesse et sa cohérence :

Comment entendre ce que la vie cherche à nous dire ?

Nous sommes nombreux à vivre à ses côtés sans faire réellement attention à elle. Et pourtant, à chaque instant, nous pourrions déceler sa présence si nous nous en donnions la peine : un vol de mouettes, une rencontre, une coïncidence troublante, ce petit quelque chose qui, au final, va transformer notre destin… Bien sûr, tout cela pourrait être le fruit du hasard et n'avoir ni sens ni lien avec nous. Mais il pourrait aussi en être tout autrement ! Et si nous apprenions à déchiffrer le message que la vie nous adresse ? Imaginez à quel point cela pourrait bousculer nos habitudes et rendre nos existences beaucoup plus palpitantes !

Cela m'amusa : c'est exactement ce que M. Wolf et Stan avaient tenté de me faire comprendre. Ce qui se passait dans ma vie n'était pas dû au hasard et on pouvait, si on apprenait à regarder autrement, décoder *pourquoi* les choses se passaient ainsi. Autrement dit, la vie cherchait à attirer mon attention ! Et, vraisemblablement, je n'avais, jusqu'à aujourd'hui, pas perçu son message !

Toutes ces pensées tournaient allègrement dans mon cerveau agité lorsque je remarquai quelque chose devant la fenêtre de mon bureau, qui tombait à une vitesse vertigineuse. Je m'approchai de la vitre et vis un tourbillon de feuilles blanches sur le trottoir voleter de droite à gauche. Je passai la tête dehors et ne pus réprimer un cri d'effroi. Tout en bas gisaient sur le trottoir plusieurs chemises d'une couleur que je reconnus aussitôt comme le bleu de nos dossiers *ultraconfidentiels*. Je relevai la tête vers les étages du dessus pour tenter de voir ce qui avait provoqué cette pluie étrange. Je ne vis rien d'anormal.

Toutes les vitres du sixième étaient closes. Pourtant, quelqu'un avait bien jeté dans le vide une liasse de papiers qui venaient de chez nous ! Je n'en revenais pas. C'était du sabotage pur et dur. De plus, cela aurait pu heurter un passant. La rue était déserte, d'accord, mais ce n'était pas une raison.

Depuis l'immeuble en face, une jeune femme me regardait, mi-souriante, mi-effarée. Elle se tapota le front avec l'index et hocha la tête. Puis elle disparut. Je décidai de monter à l'étage au-dessus pour en avoir le cœur net. Au sixième, tous les bureaux étaient fermés. Il ne restait plus que le dernier étage. J'hésitai, cependant. Qu'allais-je y trouver ? Peut-être s'agissait-il de cambrioleurs ? Je montai doucement les marches qui me séparaient de l'étage supérieur et entrai dans le couloir à pas de loup. Il donnait sur une pièce énorme, avec une immense baie vitrée et un balcon qui courait le long de l'étage.

Au milieu de la pièce se tenait Philippe Chauffessac, assis en tailleur sur une énorme pile de dossiers, pieds nus. Il était planté là, en pleine méditation. Il ne m'avait pas vue. Tout à coup, il se leva, prit un dossier et s'approcha du balcon en esquissant un élégant pas de danse et en fredonnant doucement « Y'a d'la rumba dans l'air... ». Et lentement, d'un geste théâtral, parfaitement maîtrisé, il lança une à une les feuilles par-dessus bord, en s'écriant « *Olé !* ». Elles tournoyèrent élégamment et disparurent. Il regarda vers le bas, comme s'il observait la neige tomber, puis revint s'asseoir, reprit la position du lotus et ferma les yeux. À vrai dire, je ne l'avais jamais vu aussi heureux. J'étais complètement abasourdie. Comment cette métamorphose était-elle possible ? Notre boss, réputé pour son caractère autoritaire, soupe au lait et intraitable, balançait les dossiers par la fenêtre, et s'en délectait, de façon jubilatoire ? Quel insecte l'avait piqué ? Je n'osai l'interrompre et redescendis prudemment. Il fallait à tout prix mettre quelqu'un au courant, mais je me refusais à le dénoncer. J'avais plutôt envie de réparer les dégâts, de le protéger. Avec un peu de chance, personne ne s'en était encore aperçu car c'était la pause-déjeuner.

Je me dirigeai à la hâte vers le rez-de-chaussée et croisai Fafa qui sortait de l'ascenseur, un sac poubelle à la main. Il me regarda d'un air faussement détendu. Je le repoussai à l'intérieur et j'attendis que les portes se referment :

— Tu les as ramassés ? chuchotai-je fébrilement.

Fafa ne répondit pas.

— Oscar, dis-je, d'un ton agacé, je suis de ton côté, non ?

Fafa soupira :

— Oui, je les ai ramassés, convint-il à regret. Et personne ne doit être au courant.

— Mais on va faire quoi maintenant ? On attend le prochain envol de dossiers ?

— Je ne sais pas, Élodie, laisse-moi réfléchir et établir une stratégie. Pour l'instant, on planque tout et on fait comme si de rien n'était.

— Et Philippe, il lui arrive quoi, là, au juste ?

Fafa hésita un instant :

— Il y a deux solutions : soit il est gravement atteint. Soit il prépare un *one man show*. Je ne sais pas, Élodie. Je suis dépassé.

Quelqu'un entra dans l'ascenseur. Nous prîmes chacun un air détaché et Fafa sortit avec son sac poubelle, le plus naturellement du monde. Il fallait se rendre à l'évidence : Philippe Chauffessac avait rejoint *l'autre dimension*. On pouvait s'attendre au pire.

La journée passa sans que personne ne fasse allusion à la *chute de feuilles*. Le soir même, je rejoignis Caro à son appartement : nous avions du pain sur la planche. Je décidai de ne rien mentionner de cet épisode, peut-être par loyauté envers mon boss. Et puis, je n'avais pas envie que le cas Chauffessac nous parasite la soirée. Caro me désigna une grande feuille blanche qu'elle avait punaisée sur le mur de la cuisine.

— Voilà, me dit-elle. Cette feuille, c'est ton espace. Tu vas y inscrire tout ce que tu as vécu depuis l'épisode du jus de framboise, sans rien oublier. Et on verra ce que cela t'inspire. Peut-être arriveras-tu à y discerner quelque chose d'intelligible ?

Je pris un temps de réflexion et me lançai :

— OK ! Je mets tout en vrac. Et on essaie de découvrir le fil qui pourrait tout relier.

Je m'appliquai donc à construire mon petit scénario : le relookage de Pierre-Laurent en friandise rose bonbon, la rencontre avec le *Manuel de réenchantement* dans la librairie, la phrase « tout ce qui vous arrive a du sens », l'apparition de M. Wolf, le rêve du tapis volant où Pierre-Laurent disparaît, la carte du tarot (le Pendu renversé = changement de point de vue, lâcher-prise), le gros oiseau laborieux, le cygne qui a envie de se déployer, le sens interdit (par Pierre-Laurent ?), Stan « Kopeck » et son fameux allié intérieur qui sait où nous allons. Et le navire, bien sûr, avec, à la barre, un petit Joker malicieux et un capitaine ligoté à une chaise. Et moi, complètement perdue. Une fois le dessin terminé, je contemplai mon œuvre de loin. À vrai dire, je n'y comprenais rien du tout.

— Il manque des trucs, fit remarquer Caro : les messages du livre !

Je sortis de mon sac les photocopies des pages que j'avais ouvertes au hasard et que je punaisai là où il restait de la place.

— Parfait, approuva Caro. Maintenant, essayons de synthétiser les différents éléments à travers quelques phrases clés. On va les écrire en rouge au-dessus de chaque situation. Et puis, ce serait bien si tu faisais la liste de tout ce que tu as entendu depuis le début et que tu as encore en mémoire.

Je m'exécutai. Caro semblait avoir fait ça toute sa vie et son enthousiasme était communicatif. À présent, je comprenais mieux où elle voulait en venir. Je m'appliquai à retrouver tout ce que j'avais encore en tête afin d'illustrer les différentes petites scènes de mon histoire et d'enrichir le dessin. Je me mis au travail pendant que Caro préparait le repas, tout en gardant l'œil sur moi.

Je pensai à une longue phrase que j'écrivis ensuite tout en haut de la feuille :

Ce qui nous arrive a du sens. Il y a une logique sous-jacente derrière tout ce que nous vivons, un ordre invisible auquel il est possible d'accéder si on s'y relie. D'ailleurs, la vie est plus intéressante quand on la décode mieux. Nous avons une grande part de liberté : à nous d'en faire quelque chose de bon pour nous et pour le monde. Notre tâche est de devenir nous-même en accord avec cette dimension voilée. Cette entreprise commence à la naissance et nous mène vers la réalisation de notre désir profond (le fameux processus d'individuation, et le Soi, le guide puissant et juste dont parle Jung).

Il suffit simplement de se brancher sur une autre fréquence pour accéder à une logique différente de celle dont nous avons l'habitude, mais sans chercher forcément une méthode ou des réponses toutes faites. En revanche, si nous ne mettons pas nos deux moitiés (visible et invisible) en relation, nous ne comprenons rien à ce qui nous arrive. Pour cela, nous pouvons utiliser différents outils de navigation. Ces alliés traduisent l'invisible et nous permettent de rencontrer notre équipage, de mieux le prendre en considération, d'identifier les courants, d'anticiper le temps qu'il fera, et de choisir l'attitude juste à adopter pour parvenir à destination.

A priori, j'étais bien en train de suivre à la lettre le conseil que j'avais lu le matin même : *et si nous apprenions à déchiffrer le message que la vie nous adresse ?* Je faisais d'ailleurs preuve d'une certaine créativité en la matière, en inventant cet exercice avec Caro. Je passai du temps à retoucher çà et là les éléments à ma disposition, puis m'installai devant le résultat sans rien dire, un peu comme Carrie Mathison dans *Homeland* qui s'assoit devant les photos éparpillées sur le mur en attendant l'illumination finale.

Je commençai timidement à voir apparaître du sens derrière ce puzzle en construction. Je proposai à Caro de façon très intuitive le décodage suivant : j'étais sur une route, probablement à un moment très important de ma vie où il était question pour moi de changer d'identité. Pour l'instant, le Joker avait pris le pouvoir, mais la finalité, c'était de vivre plus en accord avec ce que la vie attendait de moi, pour passer du gros oiseau au cygne.

Et, pour cela, je devais trouver ma fréquence intérieure (comme Walter et Stan qui, eux, semblaient être connectés en permanence sur la bonne station) : il me fallait changer de point de vue, lâcher prise, regarder la vérité en face, ouvrir les yeux sur ce qui ne me convenait plus.

Oui, d'accord, mais changer de point de vue sur quoi ?

14

CARO M'INDIQUA UNE AUTRE FEUILLE blanche, d'un air entendu :

— Dessine un truc, là, tout de suite, sans réfléchir !

Je me jetai sur la feuille et ma main traça un large cercle avec un autre plus petit au milieu. Aucun doute pour moi : je venais de dessiner une bague.

Caro se retint de parler. Je réfléchis quelques instants et me lançai :

— Changer de point de vue sur... mes projets de mariage ? demandai-je d'une voix hésitante.

— Ben... on dirait, fit Caro, avec douceur.

— Mais ça veut dire qu'il faut que je quitte Pierre-Laurent ?

Je sentis l'inquiétude monter. C'était un peu dur à avaler. Je n'avais aucune envie de me retrouver seule et d'annuler tous mes projets d'avenir. L'idée me traversa que Caro cherchait à m'influencer pour que je quitte mon fiancé, à travers des exercices censés m'aider à y voir plus clair. Peut-être était-elle jalouse ? Personne ne l'avait demandée en mariage, elle. Et si ses interprétations étaient en réalité motivées par la rivalité ? Et si elle avait envie de me garder pour elle ? Après tout, en épousant Pierre-Laurent, j'allais forcément m'éloigner. Nous risquions de perdre notre précieuse complicité.

— Pas de précipitation, répondit-elle d'un ton rassurant. De toute façon, tu feras uniquement ce qui est bon pour toi.

Sa réponse me rassura. Nous nous installâmes à table sans plus tarder. L'exercice nous avait mises en appétit.

Le lendemain, je décidai de penser à autre chose et de tout laisser reposer quelques jours. Je voulais également commencer à mener ma petite enquête auprès des salariés de l'entreprise, afin de circonscrire l'étendue des dégâts causés par le boss. La première personne que j'interrogeai fut l'assistante de Philippe, qui me gratifia d'un « Pfff, là, j'ai autre chose à fout' franch'ment ! Reviens dans deux jours, OK ? », ce qui me refroidit pour la journée. En revanche, Francis Rebout, un des Senior Associates, déboula dans mon bureau, très énervé :

— Élodie, vous n'auriez pas vu le dossier Chooms ? Impossible de remettre la main dessus. Je l'avais rangé aux archives le mois dernier et j'en ai un besoin urgent.

Je pâlis. Ledit dossier Chooms avait probablement effectué un baptême de l'air inopiné. Il était possible que Fafa n'ait pas tout récupéré sur le trottoir.

— Désolée, Francis, je ne l'ai pas. Vous avez demandé à Philippe ? m'enquis-je prudemment.

Il ferma la porte et vint s'asseoir en face de moi :

— Oui, et vous savez ce qu'il m'a répondu ?

Je fis « non » de la tête, en me mordant les lèvres. Je m'attendais au pire :

— Ô Chooms, suspends ton vol !

Je pris un air faussement anodin et souris avec bienveillance. Après tout, c'était drôle !

— Ça, c'est du Philippe tout craché ! En ce moment, il prend tout de haut depuis qu'il a eu son attaque cardiaque. Il a enfin compris qu'il fallait mettre la pédale douce…

Je ne sais pas ce qui me prenait d'inventer un truc pareil. Mais je sentais le besoin urgent de trouver une parade et pourquoi pas celle-là, après tout.

Rebout, qui était l'hypocondriaque du cabinet, secoua la tête en s'épongeant le front :

— C'est pas vrai ?! Ah bon ? Je n'étais pas au courant. Mais ça a eu lieu quand ?

— Pendant votre voyage à Boston, répondis-je en mentant effrontément.

Il était sorti visiblement chamboulé par cette nouvelle. J'avais tout intérêt à l'orienter sur une fausse piste, et celle-ci aurait le mérite de détourner son attention pendant un petit moment. Il allait probablement se remettre au footing le soir même... Ouf, j'avais réussi cette fois, mais la bataille était loin d'être gagnée. J'envoyai un texto à Fafa : « *Rebout cherche Chooms. Danger neutralisé* » et repris mon travail.

La semaine avança sans que personne d'autre ne se plaigne de dossiers disparus. Fafa m'assura qu'il avait tout retrouvé, sauf Chooms, effectivement. Les dégâts étaient moins importants qu'ils n'auraient dû l'être, car Fafa était intervenu à temps. Mais le phénomène pouvait se reproduire n'importe quand, bien sûr. Il fallait ouvrir l'œil et surveiller les fenêtres de près. J'avoue que je m'attendais à tout de la part de Philippe, désormais. L'image de mon boss descendant les six étages dans le vide, me saluant au passage, tranquillement assis sur son fauteuil comme sur un coussin d'air m'avait même traversé l'esprit...

Dimanche matin arriva enfin. Caro m'attendait en bas de chez moi, toute pimpante, pour la fameuse consultation chez M. Wolf. Nous prîmes le bus 39 et descendîmes pas loin de la rue de Richelieu. Quand nous fûmes arrivées au numéro 8, Caro me regarda et s'exclama :

— Mais regarde ça : on est juste à côté de la Comédie-Française. Quelle classe ton Wolf ! Y'a pas plus beau que ce quartier. Je rêve d'habiter ici... ajouta-t-elle en soupirant.

Nous entrâmes et la voix de M. Wolf se fit entendre dans l'interphone.

— Bienvenue. Quatrième.

— C'est quoi ce cabinet du réenchantement ? s'enquit Caro, sur le pas de la porte. C'est son métier, *réenchanteur* ? Ça se fait ça ?

— Mais oui, ça s'fait ! plaisanta Walter, en ouvrant la porte, l'œil pétillant, comme toujours. Et ça marche, figurez-vous.

Il nous salua chaleureusement. Caro était déjà sous le charme.

— Vous habitez un sacrément bel endroit, s'extasia-t-elle avec admiration, en désignant la Comédie-Française qu'on apercevait par la fenêtre.

— Je suis content que cela vous plaise, répondit-il avec gentillesse. Le théâtre et moi, ajouta-t-il sur un ton mystérieux, c'est une longue histoire... Mais nous ne sommes pas ici pour parler de moi. Comment allez-vous, Élodie, depuis notre dernière entrevue ?

— Je ne sais pas ! répondis-je, en souriant. À vrai dire, à la fois bien et mal.

Walter comprenait. Je le vis à son expression. Il nous fit asseoir dans la bibliothèque, une grande pièce tapissée de livres avec quatre petits fauteuils de cuir au centre. Il y régnait la même atmosphère chaleureuse qu'à la librairie. M. Wolf s'installa confortablement dans un des fauteuils et se tourna vers moi :

— Élodie, nous allons donc interroger ensemble le Yi Jing comme nous avions prévu de le faire l'autre soir. Si je me souviens bien, il s'agissait de répondre à une question concernant votre patron, n'est-ce pas ?

Je vis Caro tressaillir. Je ne lui avais toujours rien dit concernant Philippe. Je réfléchis un instant. Oui, c'était bien la question de ce jour-là mais aujourd'hui ? Il me semblait que mon inquiétude tournait autour d'un autre sujet, beaucoup plus important pour moi. Et si je devais faire un dernier tirage, autant en profiter pour tirer au clair mes préoccupations personnelles.

— Oui, Walter, mais aujourd'hui, j'aimerais poser une question concernant mon futur mariage.

Il hocha la tête et attendit. Je me lançai :

— En fait, je me demande si c'est vraiment une bonne idée pour moi de me marier.

Caro me jeta un regard étonné, mais approbateur.

— Oui, écoutez, je ne suis vraiment pas à l'aise avec ma belle-famille et, en plus, j'ai agi de manière bizarre avec mon fiancé dernièrement. J'ai vraiment besoin de mieux comprendre où j'en suis par rapport à tout ça. Je voudrais m'assurer que je fais le bon choix, vous voyez ?

— Parfait, Élodie. Sachez d'abord que le Yi Jing vous répondra d'autant mieux que la question sera précise. En revanche, il ne vous dira pas si vous *devez* ou non vous marier. Et tant mieux ! C'est toujours nous qui décidons de notre destin, heureusement. Par contre, il peut vous indiquer à quel type de situation « énergétique » correspond le fait de vous marier ou de ne pas vous marier. Je m'explique : vous pouvez, par exemple, faire deux tirages. L'un pour « Je me marie ». L'autre pour « Je ne me marie pas ». L'idée derrière est de retenir ce qui vous correspond le mieux : en d'autres termes, ce qui vous paraît être le plus juste. Je me fais comprendre ?

— Oui, je crois, répondis-je un peu nerveuse. Une partie de moi avait quand même du mal à comprendre *comment quelque chose d'extérieur pourrait répondre à une question aussi intime*.

Mais j'avais accepté de changer de logique. Et si je n'y étais pas prête, autant arrêter tout de suite. Je décidai de jouer le jeu.

— On y va !

Walter me proposa alors de lancer trois pièces de monnaie en l'air, six fois de suite. À chaque fois, il regardait quelle configuration cela donnait : combien de « piles », combien de « faces ». Il dessinait ensuite un ou deux traits, selon le résultat, en remontant vers le haut à chaque lancer. À la fin, il obtint, pour chaque question, deux dessins composés des six résultats. Chacun d'entre eux correspondait à ce qu'il appelait un « hexagramme ». Il se référa ensuite au numéro de l'hexagramme et à son contenu dans un gros livre rouge[*] où tous les hexagrammes étaient consignés de 1 à 64. M. Wolf m'indiqua alors ce que chacun des hexagrammes avait répondu.

— À la question : « se marier », vous tirez l'hexagramme 56, nommé « Le voyageur ». Il vous indique que vous n'êtes pas tout à fait chez vous dans cet univers, que vous n'y faites pas ce que vous voulez. Comme si vous étiez en « terre étrangère » et qu'il fallait vous couler dans un monde où d'autres règles que les vôtres s'appliquent.

Il reprit :

— À la question : « ne pas se marier », vous obtenez l'hexagramme 40. « Délivrance », qui vous dit ceci : vous quittez une situation où vous portez un poids malgré vous et vous acceptez de déposer le fardeau. D'où le nom de l'hexagramme. Cette alternative-là semble plus légère, c'est évident.

Je n'en revenais pas. Clairement, le mariage semblait être la moins bonne des deux solutions. Encore une fois, mes projets d'avenir étaient remis en question ! Dur à accepter… Je me demandai même si Caro et M. Wolf ne complotaient pas

---

[*] *Le Livre des changements* (déjà cité plus haut).

derrière mon dos… Dans quel pétrin m'étais-je fourrée en acceptant de me livrer à cette dernière expérience ?

Je me raidis et répliquai froidement :

— Bien, je vous remercie, je vais prendre note.

Caro me regarda d'un air inquiet. M. Wolf ajouta :

— Je peux imaginer que la réponse n'est pas ce à quoi vous vous attendiez. N'oubliez pas, néanmoins, que c'est vous qui répondez et non pas une entité extérieure. Vous interrogez la partie de vous la plus en lien avec ce qui est *bon pour vous*. Vous savez, Élodie, il arrive, bien sûr, que les tirages nous dérangent car ils nous poussent à ouvrir les yeux sur quelque chose qui n'est pas confortable à entendre. Mais il est important de ne pas se voiler la face. Vous êtes d'accord ou pas du tout ?

Je fis la moue. Je commençais à être très en colère. J'avais envie de tout planter là et de rentrer chez moi. Je me levai d'un coup et lançai :

— Bon, écoutez, je ne me sens pas très bien. Je crois que je vais vous quitter. J'ai besoin de prendre l'air.

Je n'attendis pas leur réponse et courus vers la sortie, en attrapant mon manteau au passage. Une fois dehors, je laissai éclater mon exaspération.

— Mais franchement, m'écriai-je, de quoi il se mêle avec son machin chinois ! Qu'est-ce que je dois faire maintenant ? Je me sentais complètement perdue. Je marchai quelques pas et m'aperçus que j'avais oublié mon sac. Pfff, peu importe après tout. Caro se chargerait de me le ramener. Tout à coup, je croisai une grande femme brune, qui me dévisagea, un grand bouquet de fleurs dans les bras. Elle s'arrêta :

— Élodie, vous nous quittez déjà ? s'inquiéta-t-elle, en ôtant ses lunettes de soleil.

Je reconnus Katarina Wolf. Elle était toujours aussi belle et radieuse. Ça me fit du bien de tomber ainsi sur elle, même si je me sentais un peu ridicule de m'être sauvée.

— J'ai fait un tirage affreux, dis-je avec une boule dans la gorge. Je ne sais pas ce que je vais devenir maintenant. Je ne sais plus quoi faire…

— Ohhh, ça ne peut pas être si catastrophique, quand même ! Allez, hop, venez avec moi : je vous offre un café. Vous allez me raconter ça.

Elle m'attrapa le bras et me poussa dans le premier café venu. Elle salua le patron :

— *Hello* Andy ! *Get me two coffees, please* !

Je m'affalai sur la banquette, les yeux bouffis.

— Je suis fichue, Katrina.

— Katarina, ma belle. *Katrina,* c'est autre chose… protesta-t-elle en riant. Allez, je vous écoute.

Je lui relatai le tirage que j'avais fait et dans quelles affres de doute ses résultats me plongeaient.

— Je comprends, admit-elle, c'est vrai que c'est difficile à entendre. Mais, reprit-elle, dites-moi, Élodie, y a-t-il une part de vrai là-dedans ?

Je soupirai. Oui, les tirages reflétaient bien ce que je ressentais au fond de moi. Mais, en vérité, ça ne m'arrangeait pas du tout.

— Alors, reprit-elle, c'est important de regarder la vérité en face, même si vous ne voulez pas l'entendre. Vous risquez quand même de ne pas vous sentir très à l'aise dans ce milieu, si je comprends bien. Et ça, ça peut être très pesant à la longue.

— Oui, mais les choses peuvent toujours s'arranger, non ? Il suffit que je fasse un effort et tout ira bien.

— Je ne sais pas si faire un effort sera suffisant. L'hexagramme indique quand même un climat de contrainte permanent qui vous oblige à renoncer à vous exprimer librement. Cela ne vous effraie-t-il donc pas ?

— Je ne sais pas, répondis-je. De toute façon, je n'ai pas le choix, j'ai tout misé sur ce mariage.

Mme Wolf pencha la tête et son regard devint plus intense :

— Là, je ne vous suis pas, Élodie. Pourquoi n'auriez-vous pas le choix ?

— Eh bien, déjà, mes parents seraient tellement déçus, je ne sais même pas comment je pourrais leur annoncer. Et puis, Pierre-Laurent a des défauts, c'est vrai, mais qui n'en n'a pas ? Et il tient tellement à moi. Je n'aurai pas deux fois la chance de tomber sur un homme qui m'aime autant !

— En voilà une idée… Et pourquoi donc ?

— Quand on trouve le bon, il faut le garder, dis-je, à court d'arguments.

— Je vois que vous avez des positions bien arrêtées sur le sujet, dit-elle en souriant. Bien sûr, je ne vais pas vous dire *comment* penser. Mais je sais d'expérience que ce que vous dites n'est pas fondé. Encore heureux ! La vie est bien plus riche que cela…

— Vous croyez ?

— Oui, bien sûr. La vie a plus d'un tour dans sa manche. Et le futur n'est pas écrit d'avance, comme vous semblez le penser. On peut toujours négocier avec le destin, pour peu que l'on fasse preuve d'attention et de souplesse d'esprit. Car tout se tisse au fur et à mesure, entre nous et le monde. Bien sûr qu'une partie nous échappe, mais nous avons aussi notre libre arbitre. Et il y a plein d'occasions de mieux s'ajuster à la vie pour faire naître quelque chose de plus… *ensoleillé*. Mais, pour l'instant, que diriez-vous de remonter avec moi ? De toute façon, vous êtes la bienvenue avec nous, quoi que vous décidiez !

J'hésitai. Qu'allait dire M. Wolf ?

— Mon mari en a vu d'autres, rétorqua-t-elle. De toute façon, il comprend tout. Allez hop !

Nous repartîmes donc en direction de l'appartement où Walter et Caroline nous accueillirent en souriant.

— Je suis content que vous ayez changé d'avis, déclara M. Wolf, qui n'eut pas l'air plus étonné que ça de me voir réapparaître. Venez. Nous allons passer un bon moment et je vais vous présenter plein de gens étonnants et sympathiques.

M. Wolf n'avait pas menti : je n'oublierai jamais les convives que j'eus la chance de rencontrer ce midi-là. Ils arrivèrent quasiment tous au même moment et s'installèrent joyeusement dans la salle à manger. Walter nous présenta à chacun et chacune. Je fus frappée par leur élégance. Les uns et les autres, bien que très différents, semblaient animés d'un charme particulier. Que ce soit dans leurs sourires, leurs façons de parler, leurs visages ou leurs gestes, ils dégageaient tous une *flamme* intérieure, vivante et communicative. C'est le mot qui me vient le mieux à l'esprit quand je repense à ce déjeuner, toujours avec émotion. Les amis des Wolf leur ressemblaient bien, au fond. Drôles, passionnés, excentriques ou plus discrets : ils avaient tous l'air heureux. Et ils étaient tous aussi crépitants, imprévisibles et chaleureux que nos hôtes.

Je savourai chaque minute passée en leur compagnie et chaque conversation échangée me parut pétillante et intense, comme une parenthèse enchantée. Lorsque vint le moment de partir, j'eus un pincement au cœur à l'idée que je ne les reverrais plus. Katarina nous raccompagna, Caro et moi, et nous embrassa chaleureusement, comme la première fois. Elle nous glissa à chacune une petite enveloppe dans la poche :

— À lire sur le chemin du retour, expliqua-t-elle en souriant. C'est une coutume de la maison.

En longeant le couloir qui menait à la sortie, je remarquai une photo encadrée, posée sur une petite étagère. Je reconnus le jeune homme que j'avais aperçu dans la vitrine : un visage coupé en lame de couteau, des yeux bruns comme ceux d'un loup, une expression farouche. Sa tête était posée sur l'encolure d'un cheval blanc, qu'il entourait de ses bras. Je ne sais pourquoi, mais l'image me bouleversa, comme si je retrouvais quelqu'un que j'avais perdu il y a très longtemps. Katarina remarqua mon trouble :

— C'est mon fils, Sacha. Je ne suis pas une mère juive, précisa-t-elle en riant, mais je trouve ça chouette d'avoir un fils et une fille comme les miens. On aurait pu ne jamais se croiser…

Et elle me fit un clin d'œil complice.

Arrivée en bas, je quittai Caro qui devait se rendre à un rendez-vous. Je vis qu'elle était un peu abasourdie par l'accueil que nous avions reçu. Elle secoua la tête, me serra dans ses bras — ce qu'elle ne faisait jamais — et me dit, avec une voix émue :

— Quel bonheur, ce repas, Didi. Ils sont incroyables, ces Wolf. Je les adore. Merci de m'avoir amenée ici. Je te revaudrai ça !

— C'était bien que tu sois là, Caro. Il faut qu'on se voie très vite pour reparler de tout ça, hein ?

— Oui, promit-elle, on dîne ensemble demain soir, absolument.

Sur ce, elle sauta dans un taxi, avec un sourire que je ne lui avais encore jamais vu.

Je montai dans l'autobus quasiment vide et m'installai confortablement tout au fond. J'éprouvai un sentiment de légèreté incroyable. Le brunch avait complètement effacé la tension et la tristesse que j'avais ressenties après le tirage du Yi Jing. Je laissai mon regard vagabonder pendant le trajet, en repensant à

Sacha Wolf et à son regard hypnotique. J'essayai de ne pas tout de suite céder à la tentation de lire le mot de Katarina. Mais je ne tins pas jusqu'au bout. Je décachetai l'enveloppe et lus ces quelques mots écrits à la main avec une plume fine et bleue sur un joli papier marbré :

Walk on the bright side

Marche où la vie t'ensoleille

15

LE RÉVEIL FUT BRUTAL. Le lendemain matin, en arrivant au cabinet, je remarquai tout de suite que l'atmosphère n'était pas comme d'habitude. On aurait dit un jour de grève des transports : tout le monde avait l'air tendu et de mauvaise humeur. Je m'arrêtai au *coffee corner* pour le petit café du matin. Deux assistantes discutaient entre elles en chuchotant.

— Salut les filles, lançai-je d'un air dégagé. Tout va bien ce matin ?

L'une d'elles, Tina, émit un son guttural et gémit :

— Voueu net paz oeucouant ?

Je ne comprenais rien à ce qu'elle me disait. Tina était mi-américaine, mi-chinoise, et parlait français avec un accent épouvantable. Je me hasardai à une interprétation :

— Y'a plus de courant, c'est ça ?

Elle me regarda d'un air désespéré. Puis fit une deuxième tentative pour établir la communication :

— Noeuu, le bocela...

Ça n'allait pas m'aider beaucoup. Heureusement, Fafa se matérialisa devant nous. Il avait l'air très mal à l'aise.

— Droyden Meybott débarque ce matin. Il vient faire le ménage ! m'expliqua-t-il, tendu.

— Il fèye le maynage ? demanda Tina, ingénument.

— Laissez tomber Tina ! répliqua-t-il avec impatience. Il me prit par le bras et m'entraîna dans son bureau. Il me poussa à l'intérieur et ferma la porte :

— Meybott arrive de Boston. Couic !

Il fit mine de se trancher la gorge avec son pouce.

— Quoi couic ?

Il soupira :

— Bon dieu, Élodie, t'as le cerveau en bouillie ou quoi ?

Je pâlis et fis un effort pour cesser de paraître idiote :

— Meybott, THE big boss, vient couper la tête de quelqu'un ?

—Yes ! Devine la tête de qui va tomber ?

— Non, Fafa, pas Philippe quand même ?

Fafa fit « oui » de la tête, accablé.

— Mais qui l'a prévenu ?

Fafa soupira :

— J'en sais fichtre rien. J'ai fait le maximum mais quelqu'un a bien fini par remarquer son manège, c'est sûr ! Un type qui lance des dossiers par la fenêtre, franchement, ça ne peut pas passer inaperçu longtemps. Sans compter tout ce qu'on ne sait pas... ajouta-t-il désabusé.

Tina frappa et passa sa tête :

— Elodye, lebocela ey rayclamtevouarrr oeusetièm.

Fafa traduisit :

— Meybott t'attend fissa au septième.

Il me prit les deux mains :

— Écoute, fais ce que tu peux. Mais, de toute façon, Meybott est un tueur. N'oublie pas ! *He won't get fooled*. Ne te mets pas en danger.

Et il me poussa dehors. Il avait raison : il fallait que je protège Philippe, certes, mais pas au détriment de ma propre sécurité. Une fois dans le couloir, je me dirigeai vers l'ascenseur avec appréhension. Droyden Meybott était un personnage redouté chez nous. Très classe, mais totalement illisible et retors. Il était précisément du genre à découvrir immédiatement ce qu'on lui cachait. Je me dirigeai vers la fosse aux lions et frappai doucement :

— *Yes, come in !*

— Monsieur Meybott, bonjour, dis-je avec toute l'amabilité dont j'étais capable face à un fauve.

Il était là, assis très calmement, au fond d'un fauteuil installé au centre de l'énorme pièce vide, celle que Philippe avait reconvertie dernièrement en rampe de lancement. Bel homme, la cinquantaine, cheveux un peu grisonnants. L'air affamé, néanmoins. Il me dévisagea comme si j'étais le steak qu'il attendait depuis une demi-heure.

— *Let's go straight to the point :* comment trouvez-vous Chauffessac *lately ?*

Je sentis le rouge me monter au visage et je fus incapable de mentir, ne serait-ce qu'une seconde. Je relatai donc l'épisode du lancement de dossiers et je vis son visage se décomposer.

— Vouz aveye viou tommbeye lé doeussieye ? répéta-t-il, sidéré. Son visage était rouge de colère. Je crus qu'il allait exploser devant moi.

— Oui, répondis-je piteusement, comme si j'y étais pour quelque chose.

— *Shit*, éructa-t-il.

Il prit son téléphone et aboya :

— *Do it ! Throw the fucking guy out of here !*

Sur ce, il se leva et disparut dans le couloir. Je restai plantée là, debout, toute seule. Je venais de mettre la touche finale à la carrière de Philippe Chauffessac. Qu'allions-nous faire sans lui ? Comment le cabinet allait-il tourner ? Je me sentais particulièrement coupable. Pourquoi avais-je trahi mon boss aussi facilement ? Meybott m'avait fichu la trouille, c'est vrai, mais j'aurais pu me battre un peu plus, défendre Philippe, lui trouver des excuses, n'importe quoi pour éviter la catastrophe. Non, j'avais plongé, sans réfléchir et j'avais tout avoué. Comme si Meybott lisait à l'intérieur de moi.

Et Philippe Chauffessac ? Finalement, lui et moi n'étions-nous pas atteints par le même genre de « symptôme » ? Lui aussi avait été chassé de sa cabine de pilotage par un personnage facétieux, qui cherchait à « détourner le navire » vers une destination plus exotique. Ce n'était qu'à moitié rassurant, d'ailleurs. Si ce virus pouvait atteindre n'importe qui, on était quand même mal barrés. J'imaginai l'expression passant dans le langage courant : « Dis donc, on t'aurait pas détourné le navire, toi ? », ponctué par deux doigts sur le côté du front. En tout cas, mon ex-boss était sorti des couloirs de circulation maritime habituels. Et moi, j'avais frôlé dangereusement la mutinerie, avec tous les exercices « initiatiques » auxquels je m'étais livrée.

Je redescendis l'escalier et me trouvai nez à nez avec un spectacle navrant : Philippe Chauffessac se dirigeait vers la sortie, flanqué de deux gardes du corps, un carton dans les mains. Tout le personnel du cabinet était rangé en haie d'honneur — ou de déshonneur plutôt. La plupart des visages étaient fermés, hautains. Certains, pourtant, affichaient une expression d'incrédulité. Caro me regarda, effarée. Elle avait les larmes aux yeux. Au moment de passer devant moi, Philippe tourna la tête dans ma direction et m'adressa un clin d'œil et un large sourire que Meybott ne manqua pas de remarquer. Puis, il fonça vers la sortie en tournoyant sur lui-même et en beuglant : « *Viens boire un p'tit coup à la maison…* », ce qui provoqua un mouvement de panique chez les sbires qui l'accompagnaient. J'avais du mal à y croire. Toute une brillante carrière qui s'écroulait comme ça, du jour au lendemain, à cause d'un changement de « capitaine » !

Je décidai de me tenir à carreau, désormais. Je n'avais pas envie de perdre mon job. Je tentai d'appeler Caro pour déjeuner avec elle, mais tombai sur son assistante : elle avait été envoyée à Londres d'urgence pour régler certaines bizarreries détectées dans les dossiers supervisés par Philippe. Elle ne reviendrait pas avant quelques jours. Chauffessac envolé, Caro disparue, les Wolf que je ne reverrais peut-être plus jamais : je me sentis tout à coup très seule. Mon téléphone sonna à ce moment-là. J'entendis la voix de Pierre-Laurent :

— Comment va ma beauté, aujourd'hui ?

Je lui racontai le désastre. Il n'en revenait pas. Je le sentis très en colère.

— Mon cœur, tu as bien fait de dire ce que tu savais. De toute façon, Meybott l'aurait découvert, tôt ou tard. Et tu n'avais aucun intérêt à mentir à ce genre de coco, pour les beaux yeux de cet abruti de Chauffessac.

Heureusement, Pierre-Laurent était toujours là, lui ! Certes, je sentais que je lui en voulais encore un peu depuis le week-end en Normandie. Mais, en tout cas, quoi que j'en pense, il restait fidèle au poste. Et, de plus, pour la première fois depuis longtemps, il était enfin *de mon côté* ! Peut-être commençait-il à changer ?

16

— Mince! s'exclama Caro, en regardant mes chaussures. Combien?

C'était mon anniversaire et j'avais craqué sur une paire d'escarpins rose bonbon — décidément cette couleur me poursuivait — de chez Foly Bottée. Je fis un geste évasif en agitant quelques doigts en l'air et Caro me répondit par une petite moue qui voulait dire *c'est pas cher*. Bien sûr que si, c'était cher, beaucoup trop. D'ailleurs, depuis quelque temps, je ressentais le besoin de dépenser frénétiquement. Peut-être était-ce pour compenser les contrariétés des dernières semaines? Mais, surtout, ce soir, j'avais décidé de montrer à Pierre-Laurent et à mes amis une nouvelle facette de moi-même : inattendue, sensuelle, attirante, un peu… osée. Et rien de tel que des escarpins de chez Foly Bottée pour dévoiler enfin à tous ce côté glamour que j'avais jusqu'ici cherché à réprimer. Je comptais bien produire mon petit effet sur la fine équipe que j'avais réunie ce soir pour fêter mon anniversaire.

Caro fut la première à découvrir la métamorphose et sa réaction me laissa un peu sur ma faim. *C'est pas cher*. Je crois que c'est la première fois que je dépensais autant pour des « grolles », si je puis dire. J'étais plutôt du genre baskets, ou boots. Mocassins de temps en temps, à la rigueur. En temps normal, ces escarpins roses n'auraient jamais dû se retrouver au bout de mes pieds. En plus, je détestais les talons hauts. Ils me donnaient une démarche malaisée, un peu comme celle d'un phoque.

Mais, pour une raison qui m'échappait, cette paire rose bonbon m'avait happée au rayon luxe du Bon Marché. Et, depuis, impossible de m'en défaire. Je l'avais longtemps contemplée de loin, puis touchée, essayée, réessayée, enfin achetée dans un état de semi-conscience légèrement euphorique. J'étais sortie du magasin, le sac en bandoulière, l'air faussement léger comme si je faisais ça tous les jours. Je notai que Caro ne m'avait pas dit : « *Oh, comme elles te vont bien.* » Mais : « *C'est pas cher !* » Cela me mit légèrement de mauvaise humeur.

Bizarrement, depuis que je les avais chaussées, quelque chose d'un peu agressif semblait avoir pris possession de moi : le désir de séduire me remontait du bout des orteils jusqu'au moindre battement de cils, comme si cet accessoire modifiait ma personnalité tout entière. Je me sentais à des années-lumière de l'Élodie un peu sage, discrètement habillée, tout en retenue. Celle-ci était tombée en poussière et faisait désormais place à une Élodie croqueuse d'hommes, prête à vamper tout ce qui bouge. Je montrai ma bouche à Caro. Elle me dévisagea avec incrédulité :

— Tu veux que je t'embrasse ?

Je fis « non » de la tête et chuchotai, d'une voix rauque :

— Du rouge !

Caro fouilla dans son sac et me tendit un tube de rouge à lèvres, d'une teinte carnassière :

— Méfie-toi, ça va te faire une grosse bouche et tu n'as pas l'habitude… me mit-elle en garde, aimablement.

Je m'enduisis les lèvres avec application et, pour parachever le tableau, je me collai une bonne dose de gel dans les cheveux pour les rendre un peu fous.

Caro me regarda d'un air inquiet :

— T'as pris un truc ou quoi ?

— Mais non, pas du tout, pas du tout, répondis-je sur un ton un peu hystérique, je veux faire un peu plus femme, c'est tout ! Pas de quoi en faire un fromage.

Elle leva les yeux au ciel et ne sut quoi dire. La sonnette retentit. Je courus ouvrir la porte. Pierre-Laurent apparut. Il m'embrassa et s'essuya la bouche d'un air dégoûté :

— Ça va chérie ? Oh, mais qu'est-ce que tu t'es mis ?

Je ne répondis pas et l'escortai au salon en me dandinant légèrement. Caro ne bougeait pas : on aurait dit qu'elle s'attendait à une sorte de déflagration.

— Ah, Caroline, bonsoir, consentit Pierre-Laurent, en s'affalant sur le divan.

Son regard s'arrêta sur mes Foly Bottée. Je vis son visage changer. Il leva la tête vers moi, horrifié :

— T'as pas fait ça ?!

Il émit une espèce de grognement féroce. Caro se précipita vers lui et lui mit le bol de saucisses sous le nez :

— Servez-vous, elles sont toutes chaudes.

Je crus qu'il allait la gifler.

— Vous n'aimez pas ? s'enquit Caro, avec prudence.

Je ne savais pas si elle parlait des Foly Bottée ou des saucisses.

Pierre-Laurent pointa un doigt accusateur vers mes orteils et, s'adressant à Caro, se mit à l'invectiver :

— C'est encore vous, ça ! C'est votre influence ! Ça vous amuse de transformer ma future femme en Cruella ?

Il se leva brusquement et me fit signe de le suivre dans la cuisine :

— Ma chérie, tu enlèves ça tout de suite ! Ça ne te va pas du tout.

Je fis une moue dubitative :

— Je me les suis offertes pour mon anniversaire. Je peux bien les mettre une soirée, quand même !

Il faillit s'étrangler.

— En plus, ça a dû te coûter une fortune, ces machins-là !

Je sentis que la situation s'envenimait. Pour Pierre-Laurent, l'idée de dépenser inconsidérément pour une « babiole » n'existait pas, tout simplement. L'argent était synonyme de sécurité, de patrimoine et de respectabilité dans sa famille. Nous avions déjà eu l'occasion de nous friter là-dessus lorsque je lui avais offert une chemise hors de prix, ornée de petits légumes en relief, de Ganguilla Topmann, une créatrice new-yorkaise très en vogue.

— Bon dieu, Élodie, s'était-il écrié en levant les bras au ciel, tu me vois mettre ça au bureau ? J'aurais l'air de quoi avec ces concombres et ces poivrons ?

Puis, il m'avait expliqué qu'il n'avait besoin de rien, que c'était très gentil de ma part, mais qu'il fallait que je garde mes sous. « Je serai toujours là pour toi, avait-il ajouté, mais quand même : fais-toi un petit matelas, au cas où. »

J'avais retourné la chemise, penaude. Sa réaction avait stoppé net mes tentatives pour introduire de la fantaisie dans sa garde-robe très classiquement organisée en noir et blanc.

La sonnette venait de retentir de nouveau. J'entendis Caro ouvrir à Stan et Mathias. Ils firent connaissance sur le palier. Je me dandinai de nouveau à leur rencontre :

— Ooooh, s'exclama Stan, ça vous va super bien !

Pierre-Laurent lui lança un regard mauvais.

Je fis les présentations, sans préciser la nature des liens entre Stan et Mathias : mon petit doigt me disait que Pierre-Laurent était chatouilleux sur la question du mariage homosexuel. Mieux valait ne pas aborder le sujet.

Fafa arriva le dernier avec un énorme bouquet de roses blanches. Il m'embrassa avec gentillesse. Il était d'une élégance rare et cela lui allait très bien.

— J'ai fait un effort, expliqua-t-il. Je suis très touché par ton invitation.

Caro le prit par le bras et l'emmena auprès des autres.

— Vous assortissez tout à la tache ? s'enquit Mathias avec humour, en montrant mes escarpins.

Je souris timidement. L'effet *glamour* des Foly Bottée commençait à se dissiper, petit à petit, et j'allais dans pas très longtemps retrouver ma forme antérieure : l'état de citrouille. Je pris un verre et une cigarette pour tenir la vamp'attitude quelques instants de plus et passai négligemment la main dans mes cheveux.

Pierre-Laurent faisait ostensiblement la tronche, mais de façon très polie. Il ne posait aucune question, ne s'intéressait à personne. Il se contentait de regarder les uns et les autres parler en prenant un air supérieur.

Fafa et moi avions décidé de raconter l'épisode Chauffessac en détail. Caro ouvrit de grands yeux. Je sentis qu'elle m'en voulait de lui avoir caché ça. Je questionnai Stan :

— À votre avis, il lui arrive quoi ?

— Je pense qu'il va visiblement vers un avenir qui lui convient mieux.

Pierre-Laurent avala de travers :

— Ce mec est taré, voilà tout !

— Je ne sais pas, répliqua Stan. Je ne l'ai jamais vu. Peut-être que ça a du sens, pour lui, de réagir comme ça, compte tenu de sa trajectoire.

— Qu'est-ce que c'est que ces foutaises ? s'indigna Pierre-Laurent. Ça a du sens de massacrer toute une équipe de gens qui bossent bien sous prétexte qu'on a ses vapeurs ?

— Je n'ai pas pour habitude de juger les gens. Rien n'est jamais blanc ou noir, de toute façon, répliqua Stan, avec fermeté. Et chaque comportement suit toujours une certaine logique, même quand ça ne se voit pas de l'extérieur.

— Bien sûr, ricana Pierre-Laurent, c'est facile pour les psys : c'est toujours la faute des parents !

— Mon cœur, protestai-je indignée, Stan n'a absolument pas dit ça !

— Je ne suis pas né de la dernière pluie, rétorqua-t-il du tac au tac, je les connais, ces gens-là, ils excusent tout sous prétexte qu'on a été traumatisé par sa famille. Mais, heureusement que ça existe, la famille ! Et qu'il y a des personnes sensées et responsables qui défendent de belles *valeurs*. Il appuya sur le mot en levant sa coupe. Parce que, figurez-vous que c'est grâce à eux que le monde peut tourner tranquillement en rond.

Je ne voyais pas très bien à quoi il faisait allusion avec cette dernière remarque. Je regardai mes Foly Bottée avec nostalgie. Élodie la Vamp s'était évaporée. Il ne restait plus qu'une petite souris triste et mal à l'aise.

Stan restait bizarrement silencieux. Mathias bouillonnait dans son coin et grignotait saucisse sur saucisse. Caro fit diversion :

— Bon, et vous vous êtes rencontrés comment ? Elle regarda Stan et Mathias, tour à tour, avec un air entendu.

J'avalai ma saucisse de travers et commençai à tousser violemment. J'en profitai pour empoigner Caro vers la cuisine, prétextant qu'il fallait qu'elle me tape dans le dos pour faire descendre l'intruse.

— Chhhhhuuuut! lui fis-je un doigt sur la bouche, les yeux exorbités, en toussant de plus belle. On ne parle pas de ça ce soir!

Caro fit « Pardon », en se mettant la main sur la bouche et retourna prestement au salon. Elle ne se démonta pas pour si peu et reprit la conversation :

— Qu'est-ce que je disais, ah oui : et vous, vous faites quoi, vous, pendant les vacances de Noël?

Je me levai pour amener le plat principal : une salade de champignons au roquefort, recette que j'avais concoctée moi-même pour la circonstance. Je faisais mes débuts en cuisine en essayant d'y mettre un peu de créativité.

Fafa goûta le premier et sa mâchoire se crispa légèrement :

— C'est très bon, dit-il en se raclant la gorge.

Pierre-Laurent ne put s'empêcher de sourire, d'un air dubitatif :

— Ça, ça m'étonnerait : Élodie est un amour, certes, et elle a d'énormes qualités, mais en cuisine, y'a encore du boulot!

— Pas comme vot'mère? questionna Mathias, avec ironie.

Bref, la soirée avait continué à se dérouler comme un jeu de massacre, les uns et les autres tentant de ne pas en venir aux mains pour ne pas me la gâcher. Mais c'était trop tard. Caro s'y était mise aussi, aidée par le champ' :

— Quelle classe! soupira-t-elle avec admiration en désignant mes chaussures et en surveillant Pierre-Laurent en coin. Alors, elles coûtent combien finalement, ces pompes, Didi?

Je pâlis. Allais-je assumer ou non mon nouveau statut de femme « femme »?

Je lui chuchotai le prix, en évitant soigneusement le regard de Pierre-Laurent.

Je sentis que je n'aurais pas dû répondre : celui-ci hoqueta, cracha son noyau d'olive avec colère et disparut aux toilettes. Les quatre autres me regardèrent, navrés. Caro se tourna vers Stan et murmura :

— Vous voyez : il la bride sans arrêt. Il veut une petite nana classique, bien prop' sur elle, qui dit *amen* à tout. T'as qu'à épouser ta mère ! gronda-t-elle vers les toilettes, en s'écroulant sur le divan.

J'étais consternée. Je les laissai discuter entre eux et filai vers la cuisine, soi-disant pour préparer le dessert. En réalité, j'avais surtout envie d'un peu de répit. Je ne fus pas déçue ! Hors de ma présence, tout le monde en profita pour se lâcher, à voix basse, bien sûr. Pierre-Laurent n'était toujours pas sorti des toilettes.

— Mais qu'est-ce qu'elle peut bien lui trouver ? interrogea Mathias, avec impatience. Ce mec est mou du genou, non ?

— *Moudujnou* ? répéta Stan, sans comprendre.

— La sécurité, messieurs, expliqua Caro, avec douceur. Il est beau, rassurant, et il plaît à ses parents. C'est le « mec idéal » pour Élodie !

— Mais vous êtes d'accord, on ne choisit pas quelqu'un pour se caser. Il faut quand même qu'il se passe quelque chose. On n'est plus au XIXe siècle…

— Vous savez, Mathias, la plupart des filles, aujourd'hui, veulent à la fois un mec cool, sympa, drôle, funky et un papa qui les sécurise. C'est comme ça, ajouta Caro, et Élodie est tombée dans le panneau, elle aussi. En plus, elle a ses parents sur le dos. Ils ont tellement d'attentes par rapport à elle, si vous saviez… Elle a passé sa vie à essayer de leur faire plaisir en devenant la fille idéale dont ils rêvent. Alors qu'elle a plein d'autres choses en elle qui ne demandent qu'à se révéler.

— Vous voulez dire qu'elle n'a jamais pris son autonomie ? questionna Mathias, avec étonnement.

— Chacun son parcours, Mat, répliqua Stan, avec gentillesse. On ne sait pas ce qui s'est passé dans son enfance ni la pression qu'elle a subie. Peut-être n'aurions-nous pas fait autrement, à sa place. C'est tellement facile de voir ça de l'extérieur !

— Tu as raison, Stan, répondit Mathias. Mais ça me fait mal au cœur pour elle. Cette fille est tellement spontanée, tellement vivante. Quel dommage qu'elle s'enterre avec ce légume !

— C'est pas une vision initiatique, ça, dis donc, rétorqua Stan. C'est *son* « voyage du héros », ce n'est pas le tien !

— Son *voyage du héron* ? s'enquit Caro, amusée. C'est quoi ce truc ?

— Du *héros*, rectifia Stan. Vous ne connaissez pas ce concept, Caroline ? Chacun d'entre nous vient au monde pour faire un voyage initiatique. Il doit donc franchir un certain nombre d'étapes pour grandir et devenir lui-même. Ainsi, tout ce qui lui arrive se loge dans cette continuité qu'il faut décrypter pour mieux l'accompagner. Vous connaissez Ulysse ? Eh bien, c'est la même idée.

— Super ! approuva Caro, c'est très wolfien. Enfin, moi, j'ai quand même peur qu'elle se ratatine avec ce mec. Il est tellement ennuyeux et prévisible.

— Oui, reconnut Stan, je ne peux pas vraiment dire le contraire. Mais peut-être doit-elle en passer par là ?

De mieux en mieux, pensai-je, en faisant gicler la chantilly sur les quelques boules de glace que j'avais réussi à extraire avec difficulté de leur bloc d'origine. Je protestai vigoureusement de l'intérieur : non, je n'allais pas me ratatiner, qu'est-ce que c'était que cette histoire ? J'imaginai un petit tas de pommes de terre moisies, pourrissant dans une cave. Je ne ressemblerai jamais à ça. Mais ils avaient l'air tellement inquiets que je ne pus m'empêcher de prendre peur : et si c'était vrai, tout ça ? Si j'étais réellement en train de m'enterrer dans une petite vie pépère et sans histoire, jusqu'à devenir l'ombre de moi-même ? Est-ce que c'était vraiment ça que je voulais ? Non, admis-je, ce n'est pas ça mon rêve. J'étais prête à retourner vers le salon, avec mes coupes à glace, en essayant d'avoir l'air détendue, lorsque je remarquai Fafa appuyé dans l'encadrement de la porte. Il me regardait avec intensité, sans rien dire. Visiblement, il n'avait pas eu envie de participer à la conversation. Tout à coup, il vint vers moi et m'embrassa sur le front. Puis, il me prit le plateau des mains et sortit de la pièce. Son geste m'avait rassérénée et j'allai retrouver mes invités le sourire aux lèvres, même si le cœur n'y était pas.

Lorsque tout le monde prit congé, Pierre-Laurent se coucha immédiatement, prétextant un rendez-vous tôt le lendemain, et me laissa ranger toute seule. Je quittai mes Foly Bottée avec un certain soulagement et les posai sur mon étagère à chaussures, en me demandant ce que j'allais en faire à présent. J'avais réintégré mon ancien moi et leur pouvoir n'avait pas suffi à me transmuter en femme fatale. En remettant de l'ordre dans le salon, je tombai sur un paquet cadeau, glissé entre deux coussins. Je défis l'emballage et découvris un magnifique collier de trois rangées de perles blanches. J'ouvris la petite enveloppe qui allait avec :

« *À mon Élodie, pour toujours. Puisse notre amour croître et embellir chaque jour un peu plus. PL.* »

Mais si tu m'aimes, pensai-je, pourquoi ne me prends-tu pas comme je suis ? Je me glissai sous les draps. Pierre-Laurent m'attira contre lui :

— Allez, c'est fini. J'étais contrarié, excuse-moi. Mais ça va mieux maintenant. C'est juste que je te préfère naturelle, tu es tellement plus jolie ! Le problème, c'est que tes amis, là… ce n'est pas trop mon style. Je vais te présenter à des gens plus intéressants. Tiens, tu te souviens des Liébart de la Houtte ? Ça, c'est un couple qui tient la route !

Et il s'endormit en me serrant dans ses bras. Je me sentis complètement paumée.

Cette nuit-là, je rêvai que Stan me recevait en tant que patiente. Il m'ouvrait la porte, me serrait la main et je m'allongeais sur son divan en fermant les yeux. Au bout de quelques minutes de silence, il prononçait ces mots énigmatiques :

— *Eh bien, Cendrillon, avez-vous trouvé chaussure à votre pied ?*

Je tentais de lui répondre mais je ne pouvais plus parler : mon foulard m'étouffait de plus en plus. Je portais la main à mon cou et tirais dessus de toutes mes forces. Je finissais par l'arracher et je voyais une multitude de perles blanches se fracasser et rouler en cascade sur le sol, avec un bruit de verre brisé. Alors, petit à petit, je retrouvais enfin mon souffle.

— *Alors, être une perle ou rester vous-même ?* interrogea Stan malicieusement.

Je me réveillai en sursaut pour aller boire un verre d'eau. J'avais la bouche sèche et j'étais en sueur. La sensation de manquer d'air était toujours là.

Sur la table de salon, le petit collier de perles s'étalait dans son écrin et me narguait avec insolence.

17

L'eau avait coulé sous les ponts. Le calme était finalement revenu. Personne n'avait plus reparlé de cette horrible soirée et j'avais renoncé à toute tentative d'inclure mon fiancé dans mon cercle d'amis. J'avais aussi cessé mes incursions en territoires étranges et n'avais pas revu les Wolf depuis des semaines. Ils me manquaient, pourtant.

Pierre-Laurent s'était radouci et m'avait même proposé de chercher un appartement pour emménager ensemble (avec l'aide de Georges, bien sûr). Je n'étais qu'à moitié convaincue mais je ne lui avais pas dit non. En fait, je ne savais toujours pas clairement où j'en étais avec lui... Mais je ne voyais pas non plus comment faire marche arrière à ce stade sans le blesser. Une partie de moi continuait donc sa course en avant vers les fiançailles sans trop réfléchir tandis que l'autre était en proie au doute.

Un week-end où je décidai de ranger mes cartons, je tombai sur un petit sac en plastique au fond de l'armoire. Le *Petit Manuel de réenchantement* y dormait sagement depuis que j'avais photocopié certaines de ses pages lors de la chasse au trésor avec Caro. Je l'avais presque oublié. J'éprouvai un peu de culpabilité à le retrouver là, remisé comme un vieux machin pourri. Il méritait quand même un meilleur endroit pour finir ses jours. Le temps était venu de le rendre à son propriétaire.

Le lendemain, après ma journée de travail, je me mis donc en route vers la librairie. En vérité, je voulais éviter de tomber sur

Walter Wolf et espérais remettre le livre en douce à sa fille. Ce serait plus facile ainsi. En arrivant devant la boutique, mon cœur se serra : tous les bons souvenirs remontèrent instantanément à la surface. L'odeur si particulière des vieux livres et le parfum léger qui flottait ne firent que les raviver encore plus. Je me sentais nostalgique. J'entrai discrètement. Aucune trace de M. Wolf ni de sa fille. Il y avait bien un homme à la caisse, mais je ne le distinguai pas bien car il était caché par un présentoir. Il était tellement absorbé par sa lecture qu'il ne me vit même pas entrer et m'approcher de lui. J'arrivai quasiment sous son nez, mais il ne releva pas la tête pour autant. Je toussotai. Il finit par daigner sortir de son livre et me regarda droit dans les yeux :

— Oui ?

Je reconnus Sacha Wolf et mon cœur fit un bond. Je sentis mes mains devenir moites.

— Bonjour, je suis une amie de Walter. J'ai quelque chose à lui remettre, dis-je d'un ton qui se voulait détaché.

Il hocha la tête et replongea dans sa lecture.

Je m'éloignai en haussant les épaules : visiblement, il n'était pas coopératif.

— Qu'est-ce que vous avez dit ? questionna-t-il doucement, avec un temps de retard et une voix un peu nasillarde.

Je revins vers lui, agacée de son manque d'intérêt.

— Je viens déposer quelque chose pour Walter.

Je pointai un doigt vers mon front et repris, d'un ton glacial :

— Ça y est, cette fois, on percute ?

Il ne sembla pas se démonter et me répondit très poliment :

— Je vais prendre votre colis. Je lui remettrai dès qu'il reviendra.

Et il se replongea dans sa lecture.

Je sortis le livre du paquet et le lui tendis :

— Faites attention : il a failli être brûlé. C'est pour ça qu'il est dans cet état. Je suis désolée, ajoutai-je, me sentant un peu coupable.

Il releva la tête, plus lentement cette fois. Ses yeux sombres me dévisagèrent comme s'il lisait tout au fond de mon âme. Son visage avait légèrement pâli. Il manipula le livre comme s'il allait tomber en poussière.

— Mon père va être ravi.

Il ajouta le plus sérieusement du monde :

— Le *Manuel* résiste au feu, on dirait...

Je ne savais que dire. Le fils ne semblait pas aussi sympathique que son père ou sa mère.

— Vous êtes le fils de M. Wolf, c'est ça ?

— Sacha.

Il me serra la main par-dessus la caisse. Et je vis furtivement passer sur ses traits la même expression malicieuse que celle de Walter. Il a hérité de la beauté de Katarina, pensai-je. Un éclat particulier émanait de lui, comme une facette de diamant. Il n'avait pas l'air commode, néanmoins. Je me sentis attirée vers lui d'une manière étrange.

— Votre père n'est pas là ?

— Non, il est à Londres avec ma mère. Il fait une série de conférences sur le réenchantement pour la promo de son dernier livre.

Il regarda sa montre :

— Je vais fermer la boutique. J'étais juste de passage pour la journée : demain, ma sœur prendra le relais. Si vous avez besoin de revenir...

— Merci. Ce ne sera pas nécessaire, je crois. Mais, pendant que vous êtes là... Vous pourriez me dire quelques mots sur l'origine du livre, vous ? Je n'ai jamais su le fin mot de l'histoire.

Il hésita.

— Pourquoi ? Vous n'avez pas l'air d'y avoir fait tellement attention.

J'étais incapable de dire s'il plaisantait ou non.

— Je n'y suis pour rien, répondis-je, piquée au vif.

— Bien sûr que si ! répliqua-t-il, très calmement.

— Mais qu'est-ce que vous en savez ? Vous êtes voyant ? Vous savez ce qui se passe dans ma vie ? protestai-je avec irritation.

Pour qui se prenait-il, celui-là ? Il avait beau être séduisant, cela ne lui donnait pas tous les droits.

Il sourit, d'un air énigmatique.

— Je le sais, c'est tout.

Il se leva et se dirigea vers la porte, comme si je n'étais pas là. J'étais partagée entre l'envie d'en savoir plus et celle de le planter là sans plus attendre. Son indifférence m'était insupportable. Je me ruai vers la sortie et lui lançai un dernier regard. Il attendit patiemment que je sorte, la main sur la poignée.

— Merci pour l'accueil, marmonnai-je, avec colère.

Je passai la porte sans me retourner. Dehors, une pluie cinglante m'obligea à me précipiter dans le premier café venu. Je m'installai tout au fond et commandai une bière, ce que je n'avais encore jamais fait de ma vie. J'avais besoin de digérer. Ce garçon était de toute évidence un crétin arrogant, qui n'avait aucune considération pour moi. Et, pourtant, même si je n'avais aucune chance avec lui, il faut bien l'avouer, j'étais sous le charme. De quoi ? Impossible de le dire. Mais je n'avais qu'une envie, c'était de le revoir.

La bière me procura une sensation de bien-être un peu cotonneux et je m'y laissai aller en rêvassant. Tout à coup, je sursautai : Sacha Wolf venait d'entrer dans le café et s'installait tranquillement au bar en plaisantant avec la serveuse. Ce qui m'agaça royalement, bien sûr… Me voyait-il de là où il était ? Je cherchai un moyen de me faire remarquer mais n'en eus pas besoin : la serveuse vint me demander si je voulais profiter de l'*happy hour* et Sacha la suivit des yeux. Son regard s'arrêta sur moi, fixement. Quel drôle de personnage… Je ne pouvais déceler ce qui se passait en lui. Contre toute attente, il se leva et se dirigea vers ma table.

— Je peux m'asseoir ? dit-il, sans attendre ma réponse.

Je lui fis signe que oui, le visage fermé. Je restai un peu sur mes gardes.

— Vous buvez souvent de la bière toute seule, au café ?

Il ne manquait plus que ça.

— Je ne me pochetronne pas tous les jours, si c'est ça votre question. Mais vous avez été tellement désagréable que j'ai éprouvé le besoin de me remonter le moral.

— Ah oui ? Je ne m'en suis pas rendu compte, rétorqua-t-il, froissé.

J'émis un ricanement discret, mais bien senti.

— Je vais vous raconter ce que vous voulez savoir, dit-il, d'un ton un peu plus conciliant.

— Si vous voulez, répondis-je, sans conviction.

En réalité, je brûlais d'impatience, naturellement.

Il me dévisagea. Je le décontenançais, visiblement. Mais son charme opérait de plus en plus auprès de moi. De son côté, ça avait l'air d'être le calme plat. Je ne me faisais aucune illusion.

— Eh bien, l'histoire de ce livre remonte à mon arrière-grand-père : un saltimbanque dans l'âme, très féru d'alchimie et de tout ce qui tourne autour du symbole. Mon père en plus « coriace », disons. Il avait réuni autour de lui, à Prague, un groupe d'amis avec lesquels il avait créé une petite troupe de théâtre : Les Chemins du réenchantement. Ces gens montaient sur scène et improvisaient des situations de la vie quotidienne, pour montrer au public comment on pouvait les lire autrement pour mieux se relier à la vie. Des psys avant la lettre, quoi…

J'écoutais religieusement. Quelle famille incroyable ! Chez moi, personne n'avait jamais rien fait d'aussi original. Il reprit son récit :

— Un jour, ils ont décidé d'écrire un livre ensemble pour relater leurs expériences et permettre aux lecteurs d'entrer dans leur monde, sans nécessairement passer par leur intermédiaire. Ils étaient persuadés que le simple fait d'ouvrir le livre au hasard de ses pages amènerait le lecteur exactement là où il devait aller, prônant l'idée que tout est relié et que la vie répond dès qu'on l'interroge. Pour eux, le « pouvoir » du livre se basait sur l'idée de la résonance invisible entre la psyché et la matière : nous pouvons savoir ce qui est à l'intérieur de nous en regardant à l'extérieur, comme dans un miroir, et vice versa, naturellement. Vous savez, pour les alchimistes, au Moyen Âge, cette perception du monde était tout à fait répandue. C'est comme si la vie, au fond, était à un certain niveau une espèce de réalité sous-jacente unifiée depuis laquelle tout émerge et qui engendre toutes sortes de manifestations, toujours en lien entre elles. On pourrait donc tenter de les lire selon différentes entrées possibles, mais elles parleraient toutes bien « du même endroit ». Par exemple, vous rencontrez tout le temps des gens agressifs autour de vous, mais, en réalité, cette colère *vous* appartient et vous ne l'avez jamais identifiée en vous. Vous vous l'interdisez. En revanche, elle pourra être repérée dans votre thème astrologique sous la forme d'un Mars conjoint Pluton que vous avez peur d'exprimer. Ou affleurer sous la forme d'une carte de tarot : le Diable, que vous aurez tirée à l'envers. Vous ou quelqu'un d'autre, précisa-t-il, pour me rassurer.

Il fit une pause et but une gorgée de ma bière, comme si nous étions intimes. Je commençais à craquer complètement. Il continua, sans se démonter :

— Cela pouvait paraître simpliste, à l'époque, mais aujourd'hui, la physique quantique relaie largement cette conception de la vie. Revenons-en au fameux livre : il est sorti, a eu beaucoup de succès, et puis, un beau jour, l'atelier a été brûlé. Le matériel d'impression a été détruit, le théâtre a disparu, et toute la troupe aussi. Personne ne sait ce qui s'est passé. Mon arrière-grand-mère s'est retrouvée seule et a continué à faire publier le livre, grâce à l'exemplaire qui lui restait. Certains sont encore en circulation et ont aujourd'hui une grande valeur, évidemment. Voilà, vous savez tout.

Il se tut. J'étais impressionnée, bien sûr. Je me rendis compte que j'avais eu en main un objet inestimable. Toute cette histoire était si mystérieuse.

— Et Walter, quel rôle joue-t-il là-dedans ? demandai-je, les yeux brillants.

— Il s'est donné comme mission de continuer ce que son ancêtre a commencé. Pas seulement par loyauté, mais aussi parce qu'il est passionné, ainsi que ma mère d'ailleurs. Ce sont de vrais idéalistes, renchérit-il avec un peu d'émotion dans la voix. Et de père en fils, on cherche à maintenir vivante la tradition initiatique du réenchantement, chez nous. Et puis, je suis sûr qu'un jour nous arriverons à mettre en lumière ce qui s'est réellement produit.

Il resta silencieux un moment.

— Cette histoire est dingue ! Vous avez de la chance d'avoir une telle famille. Quels destins !

— Oui, acquiesça-t-il, même si ce n'est pas toujours facile de se faire une place...

— Je veux bien vous croire, répondis-je, en souriant. Et vous, vous faites quoi de votre temps ?

— Je travaille avec les chevaux. C'est ma manière à moi de réenchanter le monde...

Mon cœur bondit de nouveau : j'adorais les chevaux. J'étais montée de temps en temps à Deauville, au centre équestre international et j'y avais pris beaucoup de plaisir. Sacha me montra sa carte : Sacha Wolf, Art équestre. Dressage, Haute École. Quelle classe ! Je rêvais de pratiquer cette discipline depuis le jour où j'avais assisté à un spectacle à Vienne : les chevaux y exécutaient des figures spectaculaires, savamment maîtrisées et dans le calme absolu. Il fallait beaucoup d'amour et de patience pour arriver à ce degré de précision et cette relation quasi fusionnelle avec l'animal. Sacha Wolf n'en devenait que plus désirable...

— Je ne sais même pas votre prénom, reprit-il, avec une douceur inattendue.

— Élodie. Je suis heureuse de vous avoir rencontré.

Il me toucha légèrement la main et me regarda droit dans les yeux. Je me sentis rougir.

— Je vais vous quitter car j'ai un rendez-vous avec des amis. Et puis, demain, je file à Londres. Ma mère va recevoir un *award* pour sa carrière d'astrologue, expliqua-t-il, en souriant. Tiens, pourquoi ne viendriez-vous pas avec moi ?

Je n'en croyais pas mes oreilles.

— Mais vous me connaissez à peine !

— Je ne vous demande pas en mariage, répliqua-t-il, un peu agacé. Mais c'est l'occasion de voir des choses exceptionnelles : les prochaines conférences sur le réenchantement n'auront lieu que dans cinq ans... Et mon père fête son anniversaire là-bas, avec des tas d'amis incroyables.

— À quelle heure partez-vous ? me hasardai-je.

— Vingt heures, gare du Nord.

Il regarda sa montre :

— Il faut que j'y aille.

Il me tendit la main et, se penchant vers moi, me répéta :

— Gare du Nord, vingt heures. Prenez le risque !

Il disparut. Je me demandai si je n'avais pas rêvé ! Sa proposition m'enchantait royalement. Je commençai à échafauder un plan. Le seul problème, c'est que ma soirée de fiançailles était prévue en fin de semaine. Je ne pouvais quand même pas poser un jour de congé, assister à la conférence londonienne et revenir tranquillement me fiancer ce week-end. Mais pourquoi pas m'y rendre *après* la soirée ? Je pourrais prendre quelques jours et filer à l'anglaise. Nous n'habitions pas encore ensemble avec Pierre-Laurent et il me serait facile de prétexter un voyage d'affaires.

Tout à coup, l'absurdité de la situation me sauta aux yeux : j'étais attirée par un autre homme à la veille de ma soirée de fiançailles ! Décidément, ça ne s'arrangeait pas ! Mais non, me rétorqua une petite voix : tu vas retrouver les Wolf et assister à une série de conférences passionnantes. C'est une occasion qui ne se représentera pas de sitôt. Tu parles, ricana une autre voix. De toute façon, il fallait que je me décide rapidement. Le mieux était d'acheter un billet pour la semaine prochaine. Pierre-Laurent n'en saurait rien. Et il n'y avait d'ailleurs aucune trahison là-dedans. En tout cas, je tentais de m'en convaincre. Mais je me sentais un peu mal à l'aise : toutes ces voix différentes se bousculaient dans ma tête. Chacune d'entre elles voulait prendre le contrôle du navire. Comment faire avec une équipe si divisée ? Qui devait reprendre la main ?

Les paroles de Walter me revinrent en mémoire : *nous avons des outils de repérage qui nous évitent de rester perdus en haute mer.* Il était temps de les mettre à profit, non ? Je décidai de m'acheter un jeu de tarot dès le lendemain matin, à la première heure, et d'aller demander son avis à Stan. Je savais qu'il avait des connaissances dans ce domaine et qu'il pourrait m'éclairer sur le tirage. Le tintement de mon téléphone me tira de ma rêverie : « *Me réjouis de notre soirée de fiançailles. Belle nuit, mon chpou. Ton PL.* » Son doigt a glissé, remarquai-je. Je me demandai si *chpou* était une sorte de message inconscient à mon égard…

18

— Ah, mais vous êtes superbe ! Comme toujours, d'ailleurs...

Stan Kopeck me gratifia de son sourire ravageur et m'invita à m'installer à table en face de lui, dans le café en bas de chez nous. Je lui avais proposé de me rejoindre là, avant d'aller au travail, pour une petite discussion matinale. Cela devait me rassurer de parler à un psy, tout en évitant soigneusement de franchir la porte de son cabinet !

— Alors, plus que trois jours avant Grrande Soirrée ? interrogea-t-il, d'un ton gentiment moqueur.

Je soupirai.

Il fronça le nez :

— Ah bon ? Tant que ça ?

Il sourit de nouveau :

— Pfff, les gonzesses... Bon, sérieusement, je suis psy, j'ai tout vu et tout entendu. Plus rien ne m'étonne, plus rien ne me choque. Allez-y : crachez votre valda.

— Ça ne se dit plus, ça ! rétorquai-je, un peu vexée. Stan, je vous raconte ça en toute confidentialité : je crois que... J'ai craqué sur un autre homme que mon fiancé.

— Ça ne m'étonne pas. Ça vous inquiète ?

— Je ne me comprends plus du tout. Vous qui êtes spécialiste : ça veut dire quoi, à votre avis ?

Je lui détaillai ma rencontre avec Sacha Wolf.

— Très simple, Élodie. Voici deux hypothèses possibles : un, vous n'avez pas du tout envie de vous marier. L'union à vie, c'est pas votre truc. Point barre. Deux, vous avez choisi Pierre-Laurent pour de mauvaises raisons et votre désir, le vôtre, plus authentique et plus personnel, commence à montrer son vrai visage, sous les traits d'un autre homme qui vient d'entrer dans votre vie. Savez-vous seulement à quoi ressemble votre masculin intérieur ?

— Ah non, m'esclaffai-je, celui-là, j'l'ai jamais vu !

— Arrêtez de persifler, vous voulez bien ? Je suis en train de vous expliquer quelque chose qui a énormément d'importance dans la vie amoureuse et vous le tournez en dérision !

— Vous êtes sérieux, Stan ?

— Bien sûr que oui.

Je tentai de me concentrer sur ce qu'il me disait. Mais cela restait très flou. Je ne voyais pas du tout à quoi Stan faisait allusion.

— Je ne sais pas qui c'est, avouai-je avec dépit.

— C'est bien ce qui me semblait. Eh bien, j'ai le plaisir de vous présenter un des personnages les plus influents de votre vie psychique. En tant que femme, vous avez ce qu'on appelle une polarité masculine avec laquelle vous êtes plus ou moins connectée, et qui est en charge de bien des choses dans votre existence. Notamment, de la façon dont vous allez prendre place dans le monde, penser de façon cohérente, devenir autonome, exister par vous-même, devenir l'auteur de votre vie, quoi. Ce personnage, que certains jungiens nomment l'« animus » — mais vous n'y êtes pas obligée car c'est un nom un peu barbare — est votre facette « homme », si on veut dire les choses simplement. Et, en outre, il détermine le genre de mec sur lequel vous allez tomber un jour ou l'autre : parce que vous avez d'abord besoin de le rencontrer à l'extérieur, dans la « vraie vie », en face de vous, avant de vous l'approprier « à l'intérieur ». Vous me suivez ? En revanche, si vous n'êtes pas du tout en relation avec lui, vous risquez de faire des choix en l'ignorant complètement, par exemple. Et d'aller vers un homme qui ne lui ressemble pas du tout.

— Mais pourquoi donc ?

— C'est bien ça la question ! Il peut y avoir de multiples raisons qui nous détournent de ce dont nous avons réellement besoin et envie. En fait, le plus souvent, c'est tout ce qui nous a façonnés depuis l'enfance. Par exemple, les valeurs familiales qu'on nous a transmises, l'image de l'homme ou la femme convenable à épouser et ce qu'on a entendu dire sur ce qu'il était bon de faire ou de ne pas faire.

— Vous êtes en train de me dire que je me trompe de partenaire parce que j'ai été mal orientée par mes parents ?

— Non, je ne suis pas aussi caricatural. En revanche, je suis à peu près sûr que, comme la plupart d'entre nous, ce que vos parents attendaient de vous a joué un rôle dans la personne que vous êtes devenue, dans les choix que vous avez faits et dans votre image du couple idéal. Non ?

Je ne répondis pas et lui montrai la carte que j'avais tirée à la suite de ma rencontre avec Sacha Wolf : une espèce de chauve-souris en collant bleu, en train de dire bonjour de la main droite… Franchement, j'avais quand même du mal à prendre tout ça au sérieux et à imaginer pouvoir en obtenir des informations précieuses !

Stan ne put réprimer un mouvement de surprise :

— Ah oui, quand même ! fit-il avec une moue admirative. OK, je vous explique : vous avez tiré la carte du Diable. Rassurez-vous, elle veut juste dire *ne plus se cacher sous des masques et oser être soi-même*. Cette figure parle du véritable désir qui bouillonne tout au fond de nous, de nos pulsions, de la sexualité qu'il nous faut assumer pleinement et incarner. Et elle parle aussi de... passion !

J'étais partie au bureau, à la fois ravie de cette révélation et atterrée par les commentaires de Stan. L'idée de remettre en question mes parents ne me plaisait pas du tout. Pourtant, il semblait sûr de lui lorsqu'il parlait des conditionnements familiaux qui peuvent nous éloigner parfois de ce que nous sommes. Je repensai brusquement à Adrian : peut-être était-il réellement en résonance avec mon masculin intérieur, lui ! Pour le coup, il était certainement plus proche de Sacha que de Pierre-Laurent. En revanche, les saltimbanques avaient peut-être du charme, mais ils n'étaient en aucune manière des *maris acceptables* aux yeux de mes parents. Je les imaginais mal accueillir un guitariste de rock ou un dresseur de chevaux. Je me demandais si d'autres personnes de mon entourage étaient au courant de l'existence de ce fameux personnage masculin qui squatterait l'inconscient des femmes. J'imaginais déjà la réponse de Pierre-Laurent : « Annie Müce ? C'est une collègue du cabinet ? » Mieux valait garder ça pour moi.

Je montai dans mon bureau en essayant de penser à autre chose et tombai sur Fafa qui me colla un carton dans les bras :

— Tiens, tu tombes bien : v'là des trucs de Chauffessac à trier. Tu balances, sauf si tu trouves quelque chose d'intéressant...

Je maugréai. Il y avait une pile de dossiers en retard sur mon bureau et plonger dans les affaires de Philippe ne me disait rien qui vaille. Je jetai un rapide coup d'œil et vis un tas de papiers entassés en désordre. J'en tirai un au hasard : note de frais. Un autre : vieux journal datant de plus d'un an. Allez, un dernier et j'arrête. Ah, une lettre manuscrite. Je commençai à lire :

Mon cher Gabriel,

Quand tu recevras cette lettre, je serai loin du cabinet.
Et de cette vie parisienne sans saveur et sans joie.
J'aurai lâché ma vie d'hier pour une autre, plus incertaine.
Plus ouverte aussi.
Je marcherai peut-être au bord de la mer, sur un autre continent.
Qui sait ? Je ne sais pas encore où mes pas me porteront.
Mais je sais que tout ce que j'ai construit jusqu'ici ne me concernera plus.
Dans la vraie vie, on écoute le bruit du vent, le chant des oiseaux.
Ici, je n'entends plus que des chiffres, des plaintes, des gens en colère.
Ce travail a failli m'engloutir tout entier. Heureusement, j'ai ouvert les yeux.
Ne t'imagine pas que je suis dépressif. Je ne me suis jamais senti aussi vivant.
Peut-être entendras-tu dire que j'étais devenu un peu fou.
Et c'est sûrement vrai, après tout : j'avais tellement envie de tout balancer...
J'ai dû en surprendre plus d'un avec mes facéties.
Mais c'était juste la vie qui recommençait à bouillonner en moi
Et qui m'a rendu incontrôlable, parfois.
Je pense à toi, Gabriel, et je regrette de n'avoir pas su me relier à toi toutes ces années.
Maintenant que tu es un homme, je te transmets la seule chose que j'aie jamais apprise : rien d'autre n'a d'importance que le goût de la vie. Ni l'argent, ni la réussite, ni le profit.
Seule la vie compte. Ne passe surtout pas à côté. Fais ce que tu aimes.
Fais-le bien.
Je t'aime.

Ton père

Les larmes coulaient sur mon visage et je restai interdite : mais qui était vraiment Philippe Chauffessac ? Était-il possible qu'il nous ait à ce point échappé ? Nous avions vécu à ses côtés, longé les mêmes couloirs, bu à la même machine à café pendant toutes ces années, sans jamais discerner la véritable personnalité qui se cachait derrière ses attitudes exaspérantes et son fichu caractère. Et maintenant, il avait décidé de larguer les amarres et de voguer vers d'autres cieux. Au fond, j'étais ravie pour lui. Il nous avait quittés pour une vie où il serait sûrement plus heureux. Peut-être l'enviais-je, après tout ? Mais pourquoi la lettre n'avait-elle pas été envoyée à son destinataire ? Philippe avait dû avoir peur, et renoncer à la dernière minute. Ou alors il n'avait pas eu le temps de la poster, pris de court par Droyden Meybott qui l'avait viré *manu militari*. Était-ce à moi de le faire ? Je tapai Gabriel Chauffessac sur Google et vis apparaître un jeune homme à l'allure tout à fait classique, avocat dans un grand cabinet comme le nôtre. Il serait sûrement soulagé en lisant le contenu de la lettre. Mais si elle était encore ici, est-ce qu'il ne valait pas mieux l'y laisser, au lieu de risquer de causer un séisme au sein de la famille Chauffessac ? Caro saurait quoi faire, elle. Je collai la lettre au fond de mon portefeuille et me mis au travail, sans grande conviction.

J'étais en train de rédiger une clause confidentielle quand mes pensées me ramenèrent à la lettre : pourquoi n'arrivais-je jamais à prendre une décision sans consulter quelqu'un ? Mon premier réflexe avait été de faire appel à Caro pour savoir ce que je devais faire. Il était peut-être temps que j'apprenne à décider par moi-même, non ? Mais comment faire le bon choix ? Jusqu'ici, mes parents m'avaient toujours conseillée et j'avais suivi « à la lettre » leur modèle. Sans eux, j'avais du mal à exister. La phrase de Walter me revint alors en mémoire : *et si c'était le moment pour vous de prendre votre envol ?*

Je n'avais plus de *Petit Manuel* sous la main pour me soutenir dans ces moments d'incertitude. Mais je pouvais tenter d'ouvrir un autre livre au hasard : peut-être la vie accepterait-elle de passer par un autre « canal » pour me répondre ? Je cherchai des yeux un livre ou un magazine, sans succès. Je mis la radio pour me changer les idées. La musique me ferait du bien. La voix inimitable de Michel Jonasz remplit instantanément la pièce et me détendit un peu. Je me concentrai sur ma clause et terminai la rédaction en fredonnant les paroles de la chanson. *Changez tout, changez tout, pour une vie qui vaille le coup...* Un vieux truc des années 1970, que mon père écoutait de temps en temps. Tout à coup, je réalisai ce qui était en train de se passer : la vie ne venait-elle pas de me répondre ? Là, comme ça, en direct ! Non, sérieusement, est-ce que ça pouvait être aussi facile ? Et pourquoi pas après tout ? Je ne risquais rien à y croire, ne serait-ce qu'un tout petit peu. Tout de suite, je me sentis plus légère et pleine de gratitude, comme si je n'étais plus seule avec mes problèmes : le message était on ne peut plus clair ! Mais étais-je vraiment prête à un tel saut dans le vide ? Une part de moi aurait bien voulu se laisser tenter. L'autre s'accrochait à sa chaise, sans la moindre intention de bouger. *Mais qu'avais-je donc si peur de perdre ?* À la barre, là-haut, dans la cabine de pilotage, deux pilotes s'étripaient joyeusement, chacun essayant d'imposer sa destination, en vociférant un chapelet d'insultes. Qui diable était capable de remettre de l'ordre là-dedans ? À qui confier le gouvernail ?

Heureusement, Stan m'avait donné un excellent conseil en cas d'insubordination des troupes dans la cabine :

— N'intervenez pas, Élodie. Laissez les choses se dérouler, soyez juste *spectatrice*. N'ayez pas peur du chaos, car il n'est que provisoire. Chacun de nos personnages intérieurs a besoin de s'exprimer. C'est comme à l'Assemblée Nationale. Le moment venu, vous n'aurez plus qu'à compter ceux qui sont encore debout. Sérieusement, avait-il ajouté, laissez faire. Osez aller jusqu'au bout sans reprendre la main et vous verrez : une nouvelle direction finira bien par émerger. Mais je sais que c'est un exercice périlleux qui va vous demander, encore une fois, de *lâcher prise*.

« Ça avait-il conclu, on ne peut pas le décider ! »

Lâcher prise, comme je commençais à m'en rendre compte, était bien la dernière chose dont je me sentais capable. Et pourtant! J'avais bien envie de tester cette nouvelle relation avec la vie, après le clin d'œil qu'elle venait de me faire. Et si je l'écoutais autrement pour une fois? Cette lettre qui m'était bizarrement tombée entre les mains, c'était peut-être à moi d'en faire quelque chose: la vie voulait que je l'adresse tout simplement à son destinataire parce que c'était ce qu'il y avait de plus juste pour lui, et pour Philippe. Je décidai de prendre ce risque et de me mettre au service de cette logique mystérieuse si différente de la mienne. Juste pour voir!

19

Le réveil sonna. J'ouvris les yeux et les refermai aussitôt. Je fus immédiatement assaillie par une épouvantable migraine et une horrible nausée. Mais ces douleurs n'étaient rien comparées aux images de la soirée d'hier, qui me revinrent instantanément en mémoire, comme un boomerang vengeur…

Tout avait bien commencé pourtant : ce matin-là, hier donc, la journée s'annonçait magnifique et sans l'ombre d'un nuage. Pierre-Laurent était passé me chercher en voiture, vers dix-neuf heures, pour notre fête de fiançailles qui se tenait dans un grand restaurant parisien. Quelque part, tapie au fond de moi, je sentais pourtant monter une appréhension. Je craignais que mon Joker ne profite de l'événement pour réapparaître et gâcher la soirée. J'aurais voulu le bâillonner, l'enfermer dans la cale… mais comment ? J'avais décidé de garder un œil sur lui pour le neutraliser en cas de tentative de sabordage. Pas facile de se détendre dans de telles conditions !

Pour me préparer à toute éventualité, j'avais donc balancé les cartes du tarot d'un geste rapide, sur ma table de salon. J'en avais saisi une au hasard. Je commençais à prendre goût à ces petits exercices d'ajustement à l'invisible ! Ma question était simple : est-ce que tout va bien se passer ? J'avais retourné la carte : La Maison Dieu. Encore une fois, l'image m'avait paru très étrange. Une tour, comme celle d'un jeu d'échecs, dont le toit s'ouvrait pour laisser s'en échapper un genre de plumeau. Des boules de couleur partout dans le ciel. Et enfin, deux personnages qui semblaient être tombés du haut de la tour, sans pour autant avoir l'air en difficulté. Allais-je tomber de haut moi aussi ? Je m'étais précipitée sur le petit livre d'interprétation que j'avais acheté avec le jeu pour connaître la signification de la carte : *quelque chose qui était enfermé va pouvoir sortir à l'extérieur*... Ça paraissait plutôt de bon augure. Même si je n'avais pu m'empêcher de me questionner : qu'est-ce qui allait pouvoir s'échapper ainsi et faire éclater le plafond ? Pas moi, j'espère ! Décidément, l'art du tarot n'était pas encore d'une grande clarté pour moi.

Nous voilà donc roulant tous deux vers les cieux étoilés de notre avenir conjugal. Bien sûr, Georges et Yv' avaient ab-so-lu-ment tenu à ce que la cérémonie ait lieu dans un endroit très chic et très en vue : chez Niche de la Tour, un cuisinier exceptionnel, où ils avaient leurs habitudes. Tenues de soirée obligatoires. J'avais dressé avec Pierre-Laurent la liste des invités : nos amis communs, nos collègues de travail préférés, nos familles au complet. Georges, qui connaissait le Tout-Paris, avait invité quelques-uns des patrons les plus influents de France.

Ce soir-là, Pierre-Laurent m'avait félicitée sur mon allure. « Trop fier de toi », m'avait-il glissé à l'oreille, en entrant chez Niche. (J'avais choisi une tenue de chez Poppy Love : une robe en patchwork de dentelles blanches, audacieusement reliées entre elles par une fermeture éclair à l'endroit de la taille.) Le restaurant avait été privatisé et entièrement redécoré par une amie d'Yvonne, une peintre assez connue, très branchée sur « l'assemblage animalier », qui mélangeait des morceaux d'animaux différents sur de grandes toiles roses. Une haie d'honneur nous attendait, formée par les invités déjà présents. Yvonne et Georges en tête me regardèrent avec un mélange de méfiance et de soulagement. Je m'efforçai d'avoir l'air naturelle. Tout au fond du restaurant, je croisai le regard percutant de Fafa. Tout à coup, Caro apparut, splendide, comme toujours. Elle se jeta sur moi pour m'embrasser affectueusement.

— Ma chérie, je te souhaite tout le bonheur possible ! s'exclama-t-elle en plongeant ses yeux dans les miens.

Yvonne nous surveillait du coin de l'œil, tout en accueillant machinalement les Falsify qui venaient d'arriver. Hugues se dirigea vers moi et me secoua énergiquement la main. Petit à petit, je me retrouvai au centre d'un groupe de personnes souriantes et agitées, qui me félicitaient tour à tour sur mon fiancé, ma tenue vestimentaire, ma coiffure. *Quel couple magnifique vous formez, soyez heureux surtout, ne le laisse pas faire tout ce qu'il veut, il en a de la chance d'avoir une belle femme comme vous, et vous vous êtes rencontrés comment, etc.* J'écoutais d'une oreille un peu distraite, essayant de faire bonne figure. Mathias et Stan me firent signe du fond du restaurant. J'échappai à mon groupe d'admirateurs et accourus auprès d'eux. Mathias fit une moue légèrement écœurée en direction des tableaux accrochés au mur pour la circonstance :

— C'est quoi, ces trucs bizarres ? demanda-t-il d'un ton légèrement moqueur.

— C'est une amie de ma belle-mère, fan de Picasso. Elle a créé une approche cubiste des animaux.

C'est vrai que le résultat était curieux et pas forcément concluant.

— Hmmm, répondit Stan, jouant les amateurs éclairés.

— Je sais, rétorquai-je, c'est pas terrible. Mais je n'ai pas pu le négocier !

— Ça commence bien ! répliqua Mathias en souriant.

Fafa se joignit à nous, hilare :

— C'est pas mal du tout, ces petits chiens déstructurés…

— *Piquesow* ? fit Caro, imitant Tina et désignant les toiles à une femme qui se rapprochait de nous.

La femme, habillée d'une longue robe noire et parée de bijoux éclatants, répondit avec un accent versaillais prononcé :

— Vous me faites trop d'honneur, mademoiselle. Et qui est la future mariée ?

Fafa me pointa du doigt comme s'il désignait une coupable.

— Enchantée, mademoiselle : Flore de Caeker. Merci d'accueillir mes tableaux, cela me fait tellement plaisir de contribuer à embellir cette magnifique soirée. Je vous souhaite beaucoup de bonheur avec votre merveilleux mari.

Elle nous lança un sourire particulièrement faux et papillonna vers un autre groupe de convives. Nous éclatâmes de rire, tous ensemble.

— Quelle hystérique ! lâcha Fafa, qui détestait toute forme de mondanité.

— C'est curieux, c'est vraiment une amie de votre future belle-mère ? questionna Stan avec étonnement.

Il me prit à part et me regarda avec attention :

— Alors, ça y est ? Vous avez choisi ?

Je ne sus que répondre :

— Ben oui, puisque je suis là !

Il fronça les sourcils :

— Mais vous savez pourquoi vous êtes là, n'est-ce pas ?

— Naturellement ! Qu'est-ce que vous croyez ? Que j'ai joué ça à pile ou face ?

Je me rendis compte que ma voix tremblait un peu. Stan avait l'air de plus en plus perplexe :

— C'est drôle, mais j'ai l'impression que vous n'êtes pas réellement convaincue, répondit-il avec précaution.

— Oh, ça va, Stan, répondis-je, piquée au vif. Ce n'est pas parce que vous êtes beau et psychanalyste que vous avez tous les droits ! Arrêtez de me traiter comme si j'étais votre patiente. Je sais ce que je fais, ajoutai-je, sèchement.

— Qu'est-ce qui se passe, mon cœur ? questionna Pierre-Laurent, qui s'était approché de nous et me regardait avec inquiétude.

— Rien, rien… soupirai-je en lui emboîtant le pas.

Je plantai là Stan et ses questions dérangeantes et attrapai une coupe de champagne au vol que je sifflai d'un trait. Et, sans que j'y prête attention, mon bras balança la coupe vide par-dessus mon épaule, « à la russe ». Elle tomba à quelques mètres de Georges et se fracassa en mille morceaux, avec un son cristallin. Il me dévisagea avec colère et se dirigea vers moi, mais sa femme s'interposa, le visage fermé :

— Laisse, Georges. Garçon, héla-t-elle le plus naturellement possible, ramassez-moi ça.

Elle s'approcha de moi et me glissa, entre les dents :

— Vous, pour l'amour de mon fils, je vous en supplie, tenez-vous tranquille !

— Oui, pardon, Yvonne, je ne sais pas ce qui m'a pris. L'euphorie du moment…

— C'est une coutume de chez vous ? questionna Flore de Caeker qui avait assisté à la scène. Vous êtes russe ?

— Pas du tout, rétorqua mon père qui venait d'arriver. Nous sommes du Berry.

Il me prit par les épaules :

— Et ça, c'est mon bijou ! dit-il fièrement. Quelle soirée magnifique, me glissa-t-il à l'oreille. Félicitations, ma fille adorée. Nous sommes si heureux pour toi.

— Merci papa. Mais où est maman ?

— Elle discute avec son futur gendre, me dit-il avec un clin d'œil complice.

Ma mère avait l'air tout à fait sous le charme. Je les vis tous les deux échanger joyeusement. Cette image me rassura. Il fallait absolument que tout le monde passe une bonne soirée. Je devais veiller à ce que rien ne dérape.

Je vis tout à coup mon futur beau-père changer brusquement de visage et arborer un grand sourire :

— Jacques ! Mon cher ! Venez que je vous présente ma future belle-fille.

Georges se tourna vers moi :

— Élodie, voici Jacques Bralong, qui dirige le groupe TDIDI (To Do It, Do It !), une énorme boîte de coaching, recrutement et ressources humaines. Élodie est Junior Associate chez Fiche.

— Enchantée, monsieur Bralong.

Je connaissais le personnage de réputation : un homme charismatique, très influent au sein des milieux d'affaires. Pour le coup, je ne l'aurais jamais imaginé comme ça : un petit vieux, rondelet, l'air fatigué, avec de grosses lunettes. Woody Allen tout craché. De toute évidence, il dégageait moins d'énergie et de détermination que le slogan de son entreprise. Il me serra mollement la main et siffla :

— Connaissez feu Chauffessac, alors ?

Je m'échappai vers un autre convive. Je n'avais pas envie d'entendre dire du mal de Philippe. Une sensation bizarre m'envahissait petit à petit : une espèce d'ennui mêlé de mauvaise humeur. En réalité, je ne m'amusais pas du tout. Je dus serrer ainsi la main à une dizaine de grands patrons d'entreprise, que Georges prenait soin de me présenter comme si j'étais quelqu'un d'important à ses yeux. Tout cela commençait à me peser.

Enfin, nous passâmes à table : Pierre-Laurent et moi, ainsi que nos parents respectifs, étions bien sûr placés ensemble, côte à côte. Le dîner me parut interminable. Ma mère s'évertuait à raconter des scènes de mon enfance où je m'étais particulièrement illustrée. Elle s'amusa même à évoquer celle où, enfermée dans la cuisine — suite à je ne sais quelle punition —, je m'étais distraite en jetant un à un tous les couverts par la fenêtre du huitième étage. Je notai en passant la similitude frappante avec mon boss. Mes parents éclatèrent de rire, mais Georges et Yvonne restèrent de marbre. Le contact entre eux semblait plutôt froid. Tout à coup, Georges se leva et fit tinter son verre :

— Tic, tic, tic. Mes chers amis, commença-t-il, et quelqu'un se mit à tousser bruyamment au fond du restaurant. En fait, ce n'était autre que Mathias qui manqua de s'étrangler. Il avait dû avaler de travers. Georges, agacé, refit tic tic tic, espérant que cela suffirait à le neutraliser. Mais la crise ne se calma pas et Stan fut obligé de l'emmener à l'extérieur, pour le faire respirer un peu.

— Il est asthmatique ou quoi ? interrogea Yvonne, un peu crispée.

— Pas que je sache, répondis-je.

— C'est un ami à toi ? demanda mon père.

— Oui, ami et voisin.

— C'est bizarre, fit ma mère, en parlant de Stan et Mathias, tu as vu qu'ils se tiennent par la main ? C'est… c'est étrange, non ?

Je mis fin à la conversation en désignant Georges qui nous regardait avec impatience.

— On va finir par y arriver ! Nous sommes ici ce soir pour célébrer bla-bla-bla…

Je tombai soudain dans une rêverie où je me vis à cheval, derrière Sacha Wolf. Je m'accrochai à lui en fermant les yeux et je sentis flotter son parfum. J'aurais voulu rester là des heures. Je revins à moi et regardai ma mère. Elle avait les yeux rivés sur Georges et je pouvais y lire un mélange d'admiration et de fierté. Je tournai alors la tête vers mon père. Bizarrement, il avait l'air absent. Quelque chose l'avait certainement chiffonné. Peut-être aurait-il voulu prendre la parole en premier ? Georges termina son speech et tout le monde se leva et trinqua aux fiancés. Comme je ne bougeais pas, Pierre-Laurent me souleva en chuchotant :

— À quoi tu rêves, ma beauté ?

Je me levai d'un bond :

— Désolée, j'étais en plein galop ! expliquai-je bêtement à l'assistance.

Tout le monde se rassit, sans comprendre de quoi je parlais. Quelques personnes me regardèrent, interloquées. Le rire de Caro fusa.

Mon père leva son verre en ma direction :

— Je n'aime pas les discours. J'ai juste envie de souhaiter à ma fille d'être la femme la plus heureuse du monde. Elle le mérite. Elle est belle, intelligente, sensible. Dévouée depuis toujours envers ceux qu'elle aime. Je n'ai que des compliments à son égard. Prenez grand soin d'elle, ajouta-t-il, en s'adressant à Pierre-Laurent, c'est une pierre précieuse. Vous l'avez choisie, sachez construire à deux la meilleure des vies possibles.

J'eus les larmes aux yeux. Je me serais volontiers précipitée vers lui pour me jeter dans ses bras. Je venais de réaliser que je quittais vraiment mes parents pour une nouvelle étape. Et cela me rendait un peu nostalgique.

Tout à coup, au fond du restaurant, la voix claire et joyeuse de Caro se fit entendre à son tour :

— Chacun de nous, à cette table, a croisé un jour ton chemin, Élodie. Et s'en est trouvé changé. Enrichi, touché, grandi. Pour tous, cette rencontre nous a rendus plus heureux. Nous te souhaitons, à notre tour, que cette nouvelle étape avec Pierre-Laurent soit un *vrai* partage, un chemin de découverte et de conscience, où chacun de vous pourra faire émerger le meilleur de lui-même. Et que la vie sème sur votre route beaucoup de pétales de roses… À un mariage *enchanté* !

Et elle leva son verre.

Caro se rassit et me regarda longuement. Puis, le brouhaha reprit peu à peu, comme si de rien n'était. Moi seule avais bien compris le message codé : tu veux être heureuse ? Alors, ne néglige surtout pas ce que tu viens de découvrir. Emmène-le avec toi. N'oublie pas les chemins du réenchantement. Et reste authentique !

— C'est sympa, mais je n'ai pas très bien compris où elle voulait en venir, ta copine ! fit ma mère, avec une moue dubitative.

Mon père était toujours aussi silencieux.

— Tu as compris quelque chose, toi, André ? continua-t-elle en s'adressant à lui.

Mon père soupira profondément et ne répondit rien.

— Ton père dort ! protesta-t-elle. Réveille-toi André. La soirée va être longue. Ta fille a besoin de toi.

Elle me fit un sourire entendu. Je m'approchai de lui :

— Papa, tu ne dis rien. Qu'est-ce qui se passe ? Tu n'as pas l'air dans ton assiette.

Mon père secoua la tête, un peu tristement, se leva et se pencha vers moi.

— Tes beaux-parents ne nous aiment pas, me murmura-t-il à l'oreille.

Je reçus la phrase en plein cœur comme un coup de poignard. Je levai les yeux vers lui mais il était reparti à sa place en évitant mon regard. Douche glacée.

Je n'eus pas le temps de lui demander des explications : Pierre-Laurent m'entraînait déjà faire la tournée des tables. Il voulait que nous trinquions tous les deux avec les invités, avant leur départ. Je serrais des mains, puis d'autres, et, à chaque fois, descendais ma coupe d'un trait, sans que personne ne remarque rien. Au bout de la cinquième, je commençai à ne plus voir clair. Je ne comprenais pas pourquoi j'avais autant de mal à aller d'une table à l'autre. Ma robe de fiançailles commençait à me serrer de partout et j'avais de plus en plus chaud. J'ouvris la fermeture éclair pour me sentir plus à l'aise, mais une partie du vêtement tomba par terre et je n'arrivai pas à la ramasser. Ma robe n'était plus au bon endroit mais impossible de comprendre ce qui se passait. Tout à coup, je me mis en tête que cette soirée manquait d'ambiance : tous ces gens avaient l'air de s'ennuyer ferme, affalés sur leurs sièges comme des limaces. Ils étaient venus pour moi. C'était donc à moi de les sortir de leur léthargie ! Je me ruai sur un micro posé là pour la circonstance et montai sur la première table venue. Je dus m'y reprendre à plusieurs fois, car je n'arrivais pas à rester en équilibre. Au bout d'un moment, je me stabilisai et m'adressai à la foule avec tout l'enthousiasme dont j'étais capable :

— Salut, les mecs…! Heu… ça va pour vous sss'soir ?

— Oh, purée ! fit Stan en s'étranglant de rire.

J'entendis Caro pouffer :

— Elle est cuite, ma Didi.

Mais je ne comptais pas m'arrêter là : les bras au-dessus de la tête, je me mis à me balancer avec entrain de droite à gauche, en essayant de galvaniser mon public. Comme personne ne réagissait, je décidai d'inventer une chanson et soufflai dans le micro : « Mon père dort en cal'çon… » Puis je rejetai mes cheveux en arrière et continuai en me déhanchant langoureusement : « Y'a longtemps que je n'dors plus en pyjama… » À ce moment-là, une autre partie de ma robe disparut malencontreusement et je me retrouvai en slip. J'entendis quelques personnes siffler. Encouragée, je soufflai de plus belle dans le micro en tentant de trouver une suite à ce début prometteur.

De surprise, Fafa cracha ce qu'il était en train de boire. Mathias et Stan m'encouragèrent à continuer en tapant dans leurs mains, en rythme. Je me sentis bientôt complètement euphorique. Il me sembla reconnaître je-ne-sais-plus-quoi Bralong parmi les spectateurs les plus proches. Je sautai précipitamment de la table : il fallait absolument que je danse avec lui pour faire bonne impression à mon beau-père. Je l'enlaçai vigoureusement et esquissai quelques pas de tango pour le mettre en appétit. Je fermai les yeux et fredonnai en sautillant : « Lâche-toi, Maurice, la vie est belle… La Cucara… cha, la Cucara… cha… » Je me renversai en arrière, dans une posture suggestive mais, brusquement, je sentis ses bras me tirer vers lui dans un mouvement contraire qui me fit perdre l'équilibre. Mes lèvres rencontrèrent alors quelque chose de mou que je commençai à grignoter avec application. J'entendis mon cavalier hurler « Haaa ! Enlevez vot' sale bouche de mon oreille ». Tout à coup, la pièce se mit à tourner. Une terrible nausée me saisit. Tout ce que j'avais avalé depuis le début de la soirée se déversa lamentablement sur Bralong, qui se mit à brailler de plus belle en s'essuyant frénétiquement avec une serviette de table, l'air dégoûté. Je m'écroulai sur lui, à demi inconsciente. J'entendis la voix de Pierre-Laurent qui criait :

— Poussez-vous, elle a besoin d'air, poussez-vous !

Il me releva doucement.

— C'est pas moi, protestai-je faiblement, c'est mon Joker…

Il secoua la tête, en plissant les yeux :

— Qu'est-ce que tu dis, ma chérie ? Mais non, ce n'est pas ta faute ! Tu as voulu trinquer avec tout le monde et tu n'as pas l'habitude… C'est ma faute à moi, j'aurais dû faire attention.

— Naaan, répétai-je, à bout de forces, c'est lui, c'est mon Joker, il a pris le pouvoir…

— Ne t'inquiète pas, ma chérie, personne ne t'attaque, dit-il d'un ton qui se voulait rassurant, on va te mettre au lit et, demain, ce ne sera plus qu'un mauvais souvenir.

Il me transporta dans une petite pièce à côté des toilettes.

— C'est inadmissible, regarde dans quel état elle est ! glapit Yvonne, qui venait constater les dégâts avec Georges. Elle a vomi sur Jacques, tu te rends compte ? Décidément, c'est une obsession chez elle d'arroser les gens…

— Qu'est-ce que tu racontes ? grogna Georges, qui n'était visiblement pas au courant pour l'épisode du jus de framboise.

— Cette fille est une catastrophe ambulante, Georges. On ne peut pas confier notre fils à cette folle. Je refuse catégoriquement, tu m'entends ?

— Yvonne, c'est à lui de décider, non ? Il est assez grand, tu ne crois pas ? De toute façon, on ne peut plus revenir en arrière, ajouta-t-il avec fermeté. Tu imagines la tête des gens ? Il fera comme tout le monde : il fera avec. De toute façon, les femmes, vous êtes toutes pareilles, au fond. Des emmerdeuses !

— Vous inquiétez pas, râlai-je faiblement, c'est moi qui vais partir…

— Qu'est-ce qu'elle dit, Georges ?

— Laisse tomber.

Un peu plus tard, un autre souvenir m'assaillit : Caro, Fafa, et le couple Mathias and Stan, discutant à deux pas de moi, sans savoir que j'entendais absolument tout :

— Vous avez vu ça ! s'exclama Caro triomphante.

— Le fauve est lâché ! ponctua Mathias, avec un soupir de soulagement.

— Mais non, c'est le champ', ça, rétorqua Fafa. Une douzaine de coupes, sifflées à la russe, ça ne laisse personne indemne.

— Si seulement elle pouvait rester comme ça ! implora Caro. Qu'est-ce qu'elle est drôle ! J'adore son côté naturel et joyeusement fonceur.

— Ne rêvez pas, Caroline ! répondit Stan posément. D'ailleurs, ce ne serait pas nécessairement juste tout le temps. Non, il faudrait simplement que sa partie fantasque puisse s'exprimer plus souvent et plus librement. Mais vous savez, ce genre de conflit intérieur, ça nous concerne tous : combien d'entre nous font réellement vivre toutes leurs facettes ? Qui peut dire : je m'incarne dans la totalité de mes personnalités et ça se passe bien, merci ?

Un silence.

— Vous voulez dire que moi, vous et nous tous ici, nous réprimons quelque chose en nous ?

— Eh bien, je n'en serais pas si surpris que ça, acquiesça Stan. Oui, vous aussi, cher Fafa. Comme chacun d'entre nous ici-bas. Nous sommes libres de devenir nous-mêmes, mais le mettre en pratique est *une tout autre histoire…* Mais, mes amis, je ne voudrais pas avoir l'air de tout savoir et vous donner des leçons sur la vie. Trinquons plutôt à Élodie, à nous et à l'amitié !

Ma tête tournait, mais je sentis brièvement le parfum de Sacha Wolf et il me sembla que ma nausée disparut. Après, je ne me souviens plus de rien.

J'ouvris de nouveau les yeux et constatai que j'étais dans le lit de Pierre-Laurent, mais qu'il n'était pas à côté de moi. Je me levai tant bien que mal et réussis à me traîner jusqu'à la cuisine. Mon « fiancé » avait laissé un mot à mon attention :

Mon cœur, je suis parti en te laissant dormir. Tu t'es mise dans un bel état hier soir ! Mais je me sens un peu responsable de ta cuite, tu sais. Bon, tu t'en doutes, ce matin, petit conseil de famille, chez mes parents : je vais essayer de défendre notre cause. Surtout, ne t'inquiète pas, tout va bien se passer !

Ah oui, le pauvre, pensai-je, comme si je n'étais pas concernée, il faut qu'il se coltine ses parents, bien sûr. La conversation de mes beaux-parents me revint en mémoire : Yvonne avait pété les plombs en me voyant sur scène et s'opposait fermement au mariage. Bizarrement, je ne regrettais rien et ne ressentais aucune culpabilité, ce qui était très inhabituel chez moi. Il est trop tôt, me dis-je. Mais ça va me tomber dessus plus tard dans la journée, c'est sûr. Faut pas que je me fasse trop d'illusions. Le Joker s'était encore une fois payé du bon temps. Visiblement, il ne lâchait pas l'affaire. Et il y avait de bonnes chances qu'il cherche à scier la branche jusqu'au bout.

Mon téléphone vibra : « *Pack your suitcase : lundi matin, gare du Nord, train de dix heures pour… LONDON ! On passe te chercher en taxi à huit heures. T'embrasse fort. Caro. (On : Mathias, Stan et moi.)* »

Yessss ! Je levai les bras dans une explosion de joie, et la migraine redoubla, comme si j'avais reçu un coup violent sur la tête. Bien sûr que j'allais y aller à ce congrès. Je sentais, tout au fond de moi, qu'il allait s'y passer quelque chose d'important. J'avais rendez-vous avec le destin. Et si, pour une fois, j'acceptais de me laisser porter et de faire *entièrement* confiance à la vie ?

20

Londres, enfin, nous y étions ! Je ne tenais pas en place sur mon fauteuil tellement j'étais heureuse. Dans quelques minutes, M. Wolf *en personne* allait monter sur scène pour la conférence d'ouverture du congrès « Les chemins du réenchantement ». C'est par miracle que nous avions réussi à nous procurer des places à la dernière minute, car tout était booké depuis des mois : les aspects logistiques s'étaient, comme par magie, organisés avec la plus grande fluidité. Et, à présent, nous étions assis tous les quatre, côte à côte, au Regent's College où allait se tenir l'ensemble des conférences. Le lieu était majestueux, mystérieux et imposant : la scène faisait face à une salle entièrement bondée ! Une excitation joyeuse se lisait sur tous les visages. Et si une bonne partie de l'assistance était anglaise, de nombreux spectateurs venaient aussi de l'étranger. Je découvrais que M. Wolf avait des admirateurs dans le monde entier et je me sentis fière de le connaître.

Qui avait eu la bonne idée d'organiser cette excursion ? À la fois personne et tout le monde, à vrai dire. J'avais mentionné la tenue du congrès à plusieurs reprises avant la soirée de fiançailles et mon envie d'y assister avait naturellement attisé la curiosité de mes amis. Le projet s'était imposé à eux comme une évidence. Caro avait lancé l'idée d'y aller tous ensemble, et Stan et Mathias, naturellement ouverts à toute démarche un peu inhabituelle, avaient embrayé immédiatement avec enthousiasme. Il faut avouer que je leur avais tellement parlé de Walter qu'ils ne voulaient pas rater l'occasion de le voir de près et en pleine action. Caro avait inventé un prétexte pour justifier un déplacement professionnel et le cabinet avait d'autant plus facilement accepté la mission que la maison mère se trouvait à Londres.

J'étais vraiment émue à l'idée de revoir les Wolf. Et assister à un speech de Walter, au sommet de son art, m'emplissait d'une joie profonde. J'en oubliais presque Sacha. La conférence serait donnée en français, et traduite simultanément pour ceux qui le souhaitaient. Un speaker apparut sur scène et introduisit le premier intervenant. Un murmure approbateur parcourut l'assistance. Enfin, Walter Wolf fit son entrée, égal à lui-même, avec un large sourire. La salle applaudit à tout rompre :

— Bonjour, mes amis ! Écoutez, je me réjouis tellement d'être ici avec vous, pour la première fois dans cette ville que j'adore, pour ouvrir ce congrès. Je suis sincèrement heureux de vous voir aussi nombreux et je vous remercie du fond du cœur de venir nous soutenir dans notre démarche. Vous savez que, depuis des années, nous avons envie de remettre à l'honneur une autre vision du monde que celle, désenchantée, qui domine actuellement. Une vision plus poétique, symbolique, qui regarde et célèbre la vie avec émerveillement. Qui rende hommage à la beauté du vivant. Qui cherche à donner du sens à l'existence. Et qui, bien sûr, nous remette en contact avec la dimension invisible et initiatique de la vie ! Votre présence à ce congrès est importante et montre à quel point nous sommes tous ici concernés par l'idée que le réel est bien plus fécond qu'il n'y paraît. Tous, en effet, nous aspirons à imaginer et construire des passerelles, des *chemins*, qui permettront à chacun d'explorer librement, seul ou accompagné, ces territoires inconnus afin de réenchanter les multiples aspects de son existence... Et ce faisant, d'enrichir le monde autour de lui.

Walter était un orateur né. D'emblée, il captivait son auditoire. On le sentait naturellement à l'aise sur scène, mais aussi profondément habité par le message qu'il transmettait. Je pris soudain conscience à quel point cet homme était réellement idéaliste : sa vie entière était consacrée à sa mission. Walter Wolf *incarnait* ses paroles. Et moi je les entendais ici pour la première fois avec ravissement. Mais je crois que, au-delà du contenu, c'est son implication, sa cohérence qui donnaient une telle force à son discours. Il s'adressa ainsi à son auditoire pendant près d'une heure pour nous présenter son projet, son histoire et les différents intervenants du colloque. Alors que la conférence d'ouverture s'approchait de la fin, il entama sa conclusion :

— Finalement, pourquoi sommes-nous là ? Que veut-on dire par *s'accomplir* ? Mieux intégrer les règles de la société ? Accumuler les « réussites » et les signes extérieurs de richesse ? Non, rien de tout cela, mes amis : s'accomplir, c'est devenir soi-même, c'est faire briller *sa lumière*, trouver sa flamme intérieure. C'est s'incarner à partir de cette source inspiratrice pour offrir au monde ce que nous avons de meilleur et de plus personnel. Par quels chemins, grâce à quels outils peut-on y parvenir ? Commençons déjà par admettre que la vie nous accompagne en permanence et par reconnaître quand elle nous fait signe : quels que soient les événements qui nous touchent, ils sont reliés par un fil invisible, que nous pouvons parfois percevoir. Et si nous nous plaçons au bon endroit, alors nous verrons émerger un dessin, un *dessein*, qui révèle la singularité de notre destin unique et le sens profond de ce qui nous arrive. Pour ça, je dirais qu'il nous faut une bonne dose d'ouverture d'esprit, *guys* !

Les rires fusèrent de toute part.

— Ensuite, il faut dénicher le fil d'Ariane, *votre* fil d'Ariane, et décider de le suivre, coûte que coûte. Alors, comment l'identifier, direz-vous ? Soyez attentif aux signes – petits et grands –, soyez patients, et vous le verrez apparaître. Ce fil, peut-être encore ténu aujourd'hui, que vous allez tirer, dérouler, va vous guider tout au long du voyage, jusqu'à ce que vous ayez reconstitué le puzzle de votre existence. Lorsque toutes les pièces seront assemblées, alors vous en aurez une vision complète : l'histoire vous deviendra intelligible dans toute sa continuité. Mais, avant d'en arriver là, il faut accepter de cheminer sans cette image, tout en gardant confiance !

Je jetai un coup d'œil furtif à mes voisins. Eux aussi étaient suspendus aux paroles de Walter. Mais comment la vie s'arrange-t-elle pour nous faire rencontrer ceux qui vont nous faire progresser sur cette voie ? me demandai-je, avec perplexité.

— Ce chemin, reprit Walter, comme s'il avait lu dans mes pensées, aucun de nous ne peut le faire entièrement seul. Quelle que soit votre intelligence, quel que soit votre courage, quelles que soient vos ressources, vous aurez besoin de ceux et de celles qui ont déjà vécu l'expérience, au moins en partie, et qui sauront vous montrer la bonne direction : vous aider à reconnaître les fameux signes, vous donner des repères lorsque vous serez perdus, vous rassurer, vous soutenir lorsque le chemin deviendra trop escarpé ou encore quand vous vous sentirez seul à la nuit tombée. Mais une chose est certaine : pour que ce miracle ait lieu, pour que la magie opère, vous devez d'abord tendre la main à la vie ! Quitter vos certitudes et vos attentes vis-à-vis d'elle. Vous devez d'abord lui *offrir* votre confiance. Sinon, elle passera son chemin et vous laissera seul, sur le bas-côté. Pour certains, cela voudra dire prendre un risque. Pour d'autres, il s'agira de changer de point de vue. Chacun possède sa propre clé pour ouvrir la première porte. Pour trouver le passage vers une vie plus significative, plus riche, plus vivante aussi.

Il s'arrêta un instant et reprit :

— Donnez. De vous-même. À la vie.

— Est-ce que vous voulez dire lâcher prise ? demanda une voix dans le public.

M. Wolf sourit, patiemment.

— Lâcher prise, vous avez raison. Il y a un moment où la confiance que vous aurez en la vie vous permettra de vous laisser aller plus librement, sans avoir peur. De cesser *d'exiger* des choses et d'accepter ce qui vient. Parce que vous saurez que c'est juste. Êtes-vous prêts à faire ce don à la vie ? Vous voyez, c'est un peu comme dans toute relation humaine. Comment regardez-vous l'autre ? Comment vous placez-vous par rapport à lui ? Dans l'ouverture ou dans la domination ? Dans l'acceptation de ce qu'il est ou dans l'attente qu'il corresponde à votre désir ?

— C'est drôlement exigeant, quand même, remarqua une jeune femme au premier rang.

— C'est vrai, admit Walter. La vie place la barre assez haut. Mais c'est bien pour nous faire progresser et non pour nous maltraiter. C'est ce qui en fait la beauté et la richesse…

Il marqua une pause et but une gorgée d'eau, en nous regardant silencieusement, puis continua :

— Alors, mes amis, je vous souhaite à tous de marcher ainsi sur le fil de votre existence, entre passé et futur, et de pouvoir, à chaque instant, goûter la sensation merveilleuse d'être en vie. De sentir le contact intime avec l'invisible et de rester confiant dans la capacité du monde à nous guider et à nous faire progresser vers le meilleur de nous-même, au plus près de ce que nous pouvons devenir : des magiciens du réenchantement ! *So, don't forget*, conclut-il en anglais, *keep true to yourself, to your dreams, and, no matter what happens, trust life*. Le monde est beau et nous sommes vivants. Il ne tient qu'à nous de célébrer cela tous les jours, comme le plus précieux des cadeaux.

Walter s'inclina. La salle entière se leva et retentit d'une salve d'applaudissements. C'était un triomphe. Nous étions debout, tous les quatre, et je sentais à quel point chacun de nous avait été touché. Je sus, à cet instant, que ma vie venait de basculer. En sortant, je ne serai plus jamais la même… Encore « sous le choc », nous nous dirigeâmes vers l'estrade car je voulais saluer Walter Wolf et le présenter à mes amis. Je m'approchai de lui. Une myriade de spectateurs l'entourait et le pressait de questions. Il signa quelques livres, toujours avec le sourire, et lorsque vint mon tour, il leva la tête. Son visage changea d'expression. Il se dressa d'un bond, fit le tour de la table et me prit affectueusement dans ses bras.

— Je ne vous attendais pas ici, s'exclama-t-il, ému.

Je lui présentai Mathias et Stan et il salua Caro, qu'il avait déjà rencontrée, avec la même énergie chaleureuse.

— Franchement, dit Stan, impressionné, nous avons trouvé votre intervention incroyable : tellement inspirée et inspirante. J'ai été conquis par votre discours.

— Merci, jeune homme. C'est toujours un grand bonheur de trouver un écho comme le vôtre. Alors, questionna-t-il en s'adressant à notre groupe, vous êtes là pour combien de temps ? J'aimerais beaucoup *vous* entendre à présent !

— Juste pour deux jours, répondis-je, nous repartons demain en fin de journée.

Sacha apparut mystérieusement, je ne sais d'où. Il me regarda et sourit :

— Bonjour. Vous êtes venue, finalement !

— Oui, mes amis m'ont entraînée, répondis-je, en rougissant légèrement. Walter le remarqua et changea de sujet :

— À propos, j'ai un cadeau pour vous…

Il nous quitta quelques instants pour farfouiller dans sa valise. Il me tendit un livre dont je reconnus aussitôt la tête de lion en couverture, qui me fixait, comme toujours, avec un sourire hypnotique et mystérieux.

— Cette fois, vous le gardez, hein ! dit-il, avec une sévérité feinte. Je ne veux pas le voir revenir. Je l'ai remis à neuf, ajouta-t-il en voyant ma surprise, il manquait des pages. Mais il reste le charme du baptême du feu…

Je serrai le livre contre moi. Bien sûr que je n'allais plus le quitter.

— Je dois vous laisser, à présent, reprit Walter, je dîne avec des collègues. Nous allons créer l'École du réenchantement à Londres, expliqua-t-il, et nous avons du pain sur la planche. Mais j'aimerais beaucoup vous voir avant votre départ, Élodie. J'ai quelque chose à vous proposer. Passez demain matin, à la maison ? Vous verrez Katarina.

— Avec grand plaisir, Walter.

— Dix heures, 65 Egerton Terrace, Knightsbridge ?

— J'y serai !

— Alors à demain…

Le père et le fils disparurent en coulisses, sans me laisser le temps de dire au revoir à Sacha. Je me sentis un peu frustrée. Caro vint à ma rescousse :

— Hé, bouge-toi un peu ! Tu ne vas pas t'arrêter là, quand même…

Elle avait raison. Je me lançai à la poursuite de Sacha. Mais trop tard ! La porte s'était refermée et je me retrouvai là, comme une idiote.

— Vraiment, des fois, tu m'exaspères ! rugit Caro. Tu le laisses partir comme ça alors que tu l'as sous le nez ?

Je la plantai là, vexée. Stan et Mathias étaient probablement déjà sortis et devaient être en route vers le restaurant où nous devions nous retrouver. Je m'installai sur un siège et réfléchis. Caro avait raison. Il était temps de prendre des risques dans ma vie. « Montre-toi », entendis-je à l'intérieur de moi. Je pensai à mon Joker qui se pavanait en costume bigarré, jonglant avec des boules de couleur. Lui savait se faire remarquer ! « Eh bien, reprit la voix, lui, c'est toi, non ? Alors, vas-y, fonce, mets le paquet ! »

Je me levai d'un bond. J'étais fermement décidée à faire mon *coming out*. Et à sortir de l'ombre de moi-même. Je m'éloignai d'un pas léger vers le restaurant pour rejoindre ma petite troupe. Les mots de Walter continuaient à résonner dans ma tête… *Keep true to yourself, to your dreams, trust life…*

Lorsque j'entrai dans la petite salle, remplie de convives et inondée de lumière, les rires de mes amis résonnèrent joyeusement et Stan me fit signe d'approcher :

— *Come on, baby ! We're starving…*

Ils avaient tous l'air heureux.

21

Mon triomphe fut de courte durée.

« *J'exige des explications sur votre lamentable conduite. Et des excuses! Sinon, fini le mariage! Et vous disparaîtrez immédiatement de la vie de mon fils. J'attends votre appel.* »

Je savourais tranquillement mon dessert, attablée avec Caro, Stan et Mathias, lorsque le texto d'Yvonne de Sorel-Moucy s'afficha sur mon portable, menaçant. J'eus un mouvement de recul comme si le téléphone allait m'exploser à la figure. « Eh bien, dit la voix, c'est le moment de voir si tu tiens le coup! Allez hop, passe à l'attaque! »

« *Buzz off, gros dragon* », répondis-je effrontément en cliquant sur les touches. Je me sentis euphorique.

« *Ma pauvre fille, vous voulez la guerre? Vous l'aurez!* »

Elle devait être hors d'elle car elle ponctua sa réponse d'une tête de mort.

« *Not scared!* » tapai-je fébrilement en retour, en terminant par un petit clown.

Elle n'allait pas me gâcher mon séjour. Puisqu'elle cherchait à m'intimider, elle allait en avoir pour ses frais. J'en avais marre des parents Sorel-Moucy, de leur condescendance à mon égard et de leur regard supérieur. Marre de devoir me transformer en quelqu'un d'autre pour mieux leur convenir. Je n'en pouvais plus. Je n'en voulais plus. Et tant pis pour ce qui se passerait quand je rentrerai.

Quelque chose en moi s'était détendu. La peur s'était brusquement évaporée. Était-ce la présence de la famille Wolf? La magnifique conférence à laquelle nous venions d'assister? Nous étions tous portés par l'énergie positive de Walter, par sa capacité de croire en la vie, par sa joie communicative. Avec lui, tout était possible. J'avais enfin eu le cran de tenir tête à mes beaux-parents. Dans cette ville étrangère, avec mes amis autour de moi, et la nouvelle famille du réenchantement, le cygne en puissance que j'étais se sentait pousser des ailes. Rien n'allait me résister. Une bouffée de vent frais me soulevait de terre. Il était grand temps que je m'envole, enfin!

Et puis, j'avoue que je commençais à trouver drôle de laisser libre cours à mon Joker. Je sentais que, derrière son imprévisibilité et son côté extrême, il se pouvait bien qu'en réalité, et contre toute attente, il roule dans la bonne direction. Et si c'était un allié? Et si, depuis le début, j'avais tout compris à l'envers?

22

Egerton Terrace, mardi matin : le taxi me déposa devant une jolie maison blanche dans un des quartiers les plus chics de Londres. Le lieu était en parfaite adéquation avec la conférence d'hier. Je me sentais transportée dans un autre monde où il ne pouvait se passer que des choses merveilleuses… J'espérais secrètement que Sacha serait dans les parages. Je grimpai les marches du numéro 65 et sonnai. Katarina apparut, toujours aussi radieuse et accueillante. Cette femme n'est jamais de mauvaise humeur, pensai-je, avec admiration.

— *Hello*, Élodie, *I'm so glad you're here*. Ce ne sont pas juste des mots, hein ! me dit-elle en hochant la tête, je suis *vraiment* contente de vous voir.

Elle me fit entrer dans le salon. Pas de Sacha à l'horizon.

— Walter est sorti faire une course, mais il revient d'une minute à l'autre. Je vous offre un thé ? Un café ?

— Un café, volontiers. Dites-moi, Katarina, est-ce que vous accepteriez de me recevoir en consultation astrologique, là, ce matin ?

Le projet avait mûri dans la nuit. Il fallait que je fasse cette expérience, c'était le moment ou jamais car j'avais besoin de tous les appuis possibles pour soutenir la nouvelle Élodie qui venait d'émerger. Et puis, cette femme m'inspirait confiance depuis notre première rencontre. Elle semblait dotée d'une force et d'une énergie incroyables. Elle ne ressemblait en rien à l'image évaporée que j'avais jusque-là des astrologues. Katarina était de plus une sommité dans son domaine. Malgré sa sensibilité hors du commun, on la sentait pleinement ancrée dans le réel. Je savais que je ne courais aucun risque avec elle. Au pire, je n'apprendrai rien.

— Oh, mais oui, c'est tout à fait possible, bien sûr, acquiesça-t-elle. Vous savez, l'astrologie, c'est une *passion*. Pas un « travail », au sens classique — et parfois ennuyeux — du terme ! Allons dans mon bureau. Ici, expliqua-t-elle, c'est une maison que nous louons à l'année. Nous y venons très souvent car j'enseigne l'astrologie au Regent's College. Figurez-vous que cette discipline est tout à fait reconnue au Royaume-Uni, contrairement à la France…

Je souris. J'imaginai facilement la tête de mes parents, de PL, de Georges ou d'Yvonne s'ils me voyaient dans le bureau d'une astrologue !

— Je vais avoir besoin de votre date, heure et lieu de naissance. Allons-y.

J'obtempérai. Katarina s'installa derrière son ordinateur, y entra les informations que je venais de lui indiquer et, quelques minutes après, imprima le résultat sur une feuille.

Elle s'installa en face de moi :

— Voilà le dessin de votre thème astrologique, votre « ciel intérieur » si vous voulez. Ce qu'il montre ne vous dira vraisemblablement pas grand-chose. En revanche, il m'offre un certain nombre de pistes à explorer avec vous. Vous savez, me rassura-t-elle, je ne vais ni vous dire ce que vous devez faire ni ce qui va vous arriver. Je vais juste vous inviter à me suivre dans un univers parallèle, à l'intérieur de votre psyché. Là, nous allons faire connaissance avec tous les personnages qui vous habitent. Mais, avant tout, c'est *vous* qui allez faire l'expérience. Moi, je ne sais rien sur vous ! Simplement, j'ai l'habitude de faire le guide et d'accompagner des personnes à la rencontre de leur petit théâtre personnel. Disons que je sais par où passer pour faire la visite, et comment entrer en contact. Donc, je n'ai aucun pouvoir, juste une bonne connaissance du terrain. OK ?

Katarina commença à parler. Je dois dire que, très vite, je fus surprise par la pertinence de son discours. Ce qu'elle évoquait décrivait ce que je ressentais souvent de façon confuse, sans l'avoir jamais identifié ainsi. Le fait d'entendre parler de moi de cette façon rendait les choses plus précises, plus claires et plus compréhensibles aussi. Tout à coup, elle prononça une phrase qui me fit tressaillir :

— Il y a en vous un personnage très fantasque et imprévisible qui aime beaucoup jouer. Avec un petit côté provocateur. Ça vous rappelle quelque chose ?

— Quoi ? Vous voyez ça dans mon thème, vraiment ?

J'étais un peu estomaquée. Katarina sourit et reprit tranquillement :

— Je vous présente le duo Jupiter/Uranus ! Ces deux-là, placés comme ils le sont, adorent faire la fête ensemble et, surtout, mettre un peu de piment là où c'est trop calme. Ils cherchent souvent à déranger l'ordre établi pour amener du neuf. Est-ce que vous voyez de quoi je veux parler ?

— Si c'est bien ceux auxquels je pense, pour l'instant, ils ont surtout semé la pagaille !

Je racontai à Katarina les différents épisodes où le duo s'était particulièrement distingué sous les traits du Joker fou. Le relookage rose bonbon de Pierre-Laurent, ma petite conférence en Normandie, l'épisode raté de « je deviens une femme fatale », le jerk en slip sur la table lors de la soirée de fiançailles, le grignotage de l'oreille de Jacques Bralong...

— Vous semblez avoir vécu leur présence de manière plutôt *négative*, non ? On dirait qu'ils vous inquiètent un peu ?

— Bien sûr : j'ai l'impression que ces personnages pourraient me faire faire n'importe quoi. Évidemment que je les ressens comme dangereux. Et maintenant, je viens d'apprendre qu'ils étaient deux !

— En réalité, rien dans notre thème n'est dangereux ou mauvais, précisa Katarina. Ceci dit, il faut aussi que je vous parle d'un autre personnage important pour vous : maître Saturne. Lui, c'est le gardien du temps et il nous rappelle constamment le côté limitant de la vie, entre autres. C'est lui qui nous pousse à nous structurer et à nous adapter à la réalité en devenant autonome. Vous le connaissez sûrement sous son nom de dieu grec : Chronos. Dans la mythologie, c'est précisément ce personnage qui s'oppose à Ouranos, son père, pour que ce dernier cesse d'enfanter de façon illimitée, comme ça lui chante. Je vous la fais courte. Ainsi, il castre son père. Si je traduis cela sur un plan plus *terrestre*, ça veut dire que nous, les humains, ne pouvons pas créer de nouvelles choses continuellement et disposer en permanence de toutes les possibilités, comme si nous étions immortels. Il nous faut mettre un terme à ce mouvement vers l'avant et le contenir, pour pouvoir réaliser concrètement nos projets, qui seront forcément limités et peut-être loin de ce dont nous avions rêvé. C'est grâce à Chronos que nous pouvons nous ancrer et mûrir, même si cela s'accompagne parfois d'un sentiment de frustration. Selon notre capacité à accepter ou non ce défi. Et ça, ça dépend de beaucoup d'éléments…
Eh bien, ajouta-t-elle, cette question, qui est présente selon des degrés différents en chacun de nous, il semble qu'elle vous concerne tout particulièrement. Car Saturne occupe une place de choix dans votre Panthéon intérieur. Et il règne sur cette assemblée plénière comme si c'était son royaume ! Alors, imaginez sa tête en voyant œuvrer ce fameux duo… D'emblée, il va les juger d'un air critique et tenter de leur mettre des bâtons dans les roues afin de minimiser leur influence. Parce qu'ils vont carrément dans le sens inverse du sien et prônent des valeurs opposées. Vous me suivez toujours ?

Elle reprit son souffle :

— Donc, tout va dépendre de la façon dont vous allez prendre parti : pour Saturne ou pour les deux autres ? Saturne gagnera si vous avez appris depuis l'enfance que ses valeurs étaient les plus respectables : la tradition, la rigueur, la maîtrise de soi, etc. Dans ce cas, votre petit duo va le déranger profondément. Mais vous pouvez aussi vous retrouver à l'inverse du côté des deux autres et les voir se liguer contre lui ! On peut ainsi osciller d'un côté ou de l'autre selon les époques et les circonstances. Le plus souvent, ces conflits, nous les mettons en scène sans nous en rendre compte : entre ces trois-là d'abord, mais avec bien d'autres personnages également. Et cela se reflète tout particulièrement dans nos relations de couple. Par exemple, nous choisirons un partenaire afin d'incarner l'un des personnages et celui-ci nous rabrouera sans cesse, parce que nous lui avons fait endosser le costume de notre pire ennemi. Cette pièce de théâtre se joue et se rejoue sans cesse jusqu'à ce que nous intervenions auprès de ces personnages pour leur apprendre à s'accepter les uns les autres : une belle école de tolérance, en vérité ! Mais difficile et exigeante, je l'avoue, admit-elle en souriant. Car faire se réconcilier les contraires en nous, sans prendre parti, va demander beaucoup de patience, de vigilance et de compréhension vis-à-vis de tous.

L'image de Pierre-Laurent me vint à l'esprit :

— Est-ce que, par exemple, l'autre peut incarner la voix de la raison ? La petite voix intérieure qui vous empêche de danser en rond, s'il a mis le costume de notre Saturne ?

— Tout à fait ! approuva Katarina, vous avez pigé le truc ! Saturne va chercher, par l'intermédiaire de notre partenaire, mais aussi d'un ami, d'un parent, d'un patron, à « castrer » tout ce qui détonne un peu trop en nous, ce qui est trop *fun* ou déraisonnable, *de son point de vue*. Mais c'est bien à l'intérieur de nous que le conflit existe d'abord ! En réalité, chaque facette a son propre système de valeurs. C'est ça qui rend les choses compliquées, mais passionnantes et sans cesse en mouvement. À qui allons-nous faire allégeance ?

Et, vous savez, cela se passe exactement comme dans la vie : quand on exclut quelqu'un, il va, tôt ou tard, avoir envie de se venger. Eh bien, les planètes, c'est pareil : si on tente de les museler ou, pire, si on les ignore, elles vont chercher à se faire remarquer pour qu'on les reconnaisse enfin. Dans ce cas, elles risquent de le faire sous le coup de la colère ! Et avec une énergie accumulée depuis longtemps qui n'a pas pu être canalisée. Alors qu'elles ont chacune leur fonction spécifique et leur utilité. Donc, un conseil : écoutez tout le monde à l'intérieur de vous ! Chacune de vos facettes a besoin d'être reconnue et respectée dans ce qu'elle a de mieux à vous proposer et il lui faudra apprendre à faire alliance avec les autres. Bien sûr, c'est vous qui êtes maître à bord. Mais cela ne peut se faire que…

— Si j'ai une bonne connaissance de mon équipage, interrompis-je, en souriant.

— Exactement ! Je vois que vous avez une idée de ce dont je vous parle !

— Ça me fait penser à Walter, avec sa métaphore du bateau.

Katarina approuva de la tête. Nous nous comprenions parfaitement. Elle reprit son exploration :

— Il se trouve, par ailleurs, qu'en ce moment se prépare un changement profond pour vous, en termes d'identité. Vous êtes, en quelque sorte, à l'aube de vous-même, Élodie. Vous êtes tiraillée entre la personne que vous avez toujours été et votre véritable personnalité, qui commence à émerger peu à peu. Je sais à quel point tout cela peut vous sembler inconfortable, voire inquiétant, d'autant qu'avec Saturne aux commandes, et sa position particulière parmi les autres, vous avez pris l'habitude de vous adapter à ce qu'on attendait de vous, en restant un peu en deçà de vous-même. Vous avez cherché à ne pas choquer, à faire plaisir, pour éviter la critique et paraître à la hauteur. Mais, en réalité, c'est un moment très positif : vous êtes en train de vous déployer, de grandir, de construire votre autonomie. De mieux prendre votre place. Et cela va forcément vous amener à faire des choix. Ainsi qu'à contrarier certaines personnes qui voudraient que vous alliez dans leur sens ou que vous restiez l'Élodie d'avant. Car, aujourd'hui, c'est à vous de prendre en main votre destin. Et de goûter à cette liberté toute récente qui pourrait d'ailleurs surgir sous les traits d'une nouvelle opportunité ou d'une rencontre, à un moment ou à un autre, qui sait ?

En fait, je n'en ai pas beaucoup parlé, mais ce fameux duo vous donne un talent particulier : celui de rassembler du monde autour de vous au service d'une idée innovante, par exemple. Plus vous serez en relation avec cette facette de vous-même, mieux vous saurez en tirer parti et l'incarner positivement, en prenant une place constructive dans le monde. Faites-en une alliée. C'est ça, le secret de l'astrologie : faire alliance avec ce que nous sommes pour vivre au mieux et enrichir le monde autour de nous !

Elle s'arrêta un instant, et reprit :

— N'oubliez pas : ces personnages qui nous bousculent à l'intérieur de nous, il nous arrive parfois de les rencontrer d'abord à l'extérieur, pour mieux faire connaissance…

Message reçu, pensai-je. Et hop, revoilà l'animus et son système de projection, non ?

Décidément, tout ça se tenait.

— Katarina, je crois que cette rencontre, je viens de la faire, sous les traits d'un homme que j'ai croisé il y a quelques jours, et dont je suis un peu amoureuse.

Elle releva la tête et fit « non », avec douceur.

— Je ne pense pas, Élodie, c'est beaucoup trop tôt. Si je peux me permettre : vous avez encore un certain nombre de choses à mettre en ordre avant d'entamer une nouvelle relation. Je pense qu'il serait bon de vous accorder d'abord une pause pour vous retrouver. *Pour vous trouver*, rectifia-t-elle.

Ah, me dis-je, avec un peu de mauvaise humeur. Katarina vient de me barrer l'accès à son fils ! Malgré ma déception, peut-être n'avait-elle pas tout à fait tort. Il me faudrait sans doute d'abord éclaircir la situation avec Pierre-Laurent et, notamment, trouver les bons mots pour mettre fin à cette relation, si cela s'avérait nécessaire. J'osais enfin cette fois regarder cette perspective en face, sans paniquer. Même si elle me rendait encore un peu morose.

Katarina me proposa de déjeuner avec eux et j'acceptai avec joie. Mais, auparavant, j'avais besoin de marcher seule dans le quartier, pendant une petite demi-heure, histoire de digérer calmement ces nouvelles informations. En sortant, je tombai nez à nez avec Sacha, toujours aussi mystérieux. Je tentai de lui dire quelque chose d'intelligent, voire de l'impressionner. Malheureusement, les seuls mots qui me vinrent à l'esprit furent :

— Ah, salut !

Il me retourna poliment la salutation et s'éclipsa à l'intérieur de la maison. Peut-être bien que cet homme n'était pas pour moi, après tout.

Je m'assis sur un banc. De rares passants flânaient sur l'élégante petite place aux maisons blanches et stylées. L'air frais me faisait du bien. Mon portable vibra :

« *Ça va ton boulot, mon cœur ? Tu te sens mieux ?* »

J'hésitai : je n'avais pas envie de mentir à Pierre-Laurent, mais lui dire où j'étais réellement était impossible. Je ne répondis rien. Il insista :

« *Je viens te chercher à la gare. Maman est furieuse, on doit discuter. Quelle heure ?* »

Ça se compliquait ! Je trouvai une échappatoire : « *Je dîne avec Caro en rentrant : on a besoin de débriefer.* »

« *Pas de chance !* répondit-il, avec une émoticône triste, *j'avais tellement envie de te voir...* »

Pour la première fois, je me sentis loin.

23

Le repas avec les Wolf fut joyeux et animé comme d'habitude. Sacha avait de nouveau disparu, mais peut-être était-ce mieux ainsi. Walter parla bien sûr beaucoup de son projet. Quant à moi, je le mis au courant de ce qui se passait dans ma vie, sans omettre le repas de fiançailles et mes doutes sur la suite de ma relation.

Ni l'un ni l'autre ne firent de commentaire, même si je les sentais concernés. Je crois qu'ils ne voulaient pas être intrusifs. Cependant, au moment du dessert, Walter se tourna vers moi :

— Élodie, j'ai quelque chose à vous proposer.

Intriguée, j'attendis la suite. S'agissait-il d'un nouveau tirage mystérieux ? Il fit un geste en direction de la porte :

— Allons dans le bureau. C'est mieux, dit-il.

Je le suivis, de plus en plus curieuse de la suite.

Nous nous assîmes l'un en face de l'autre. Walter prit un temps de réflexion qui me parut interminable. Puis il se décida enfin à parler :

— Que diriez-vous de venir travailler avec moi et de mettre vos compétences juridiques au service de l'École du réenchantement ?

Je faillis avaler de travers. Je n'en croyais pas mes oreilles.

Walter sourit :

— Ce n'est pas un boulot de ministre, rassurez-vous ! Mais ce sera prenant.

Il m'expliqua le job en détail : construire les statuts, gérer tous les aspects juridiques et participer à l'élaboration de l'organisation concrète de l'école. Bien évidemment, ce serait moins payé que chez Fiche. En revanche, ce serait dix mille fois plus passionnant : non seulement j'aurai accès à tous les enseignements concernant les fameux outils de navigation mais je pourrai participer au parcours de réenchantement, la proposition inédite de Walter, qui était en réalité la clé de voûte de son travail. Un voyage du héros — là aussi ! —, contenant un certain nombre d'étapes à franchir, à travers lesquelles j'apprendrai, petit à petit, à célébrer la vie et à faire briller ma flamme intérieure, en devenant de plus en plus moi-même. Je pourrai ainsi tout expérimenter « en vrai » et mieux en saisir le fonctionnement. Le job serait aussi l'occasion de rencontres nécessairement enrichissantes, voire surprenantes. Mais, comme dans toute entreprise nouvelle, il y avait un risque à prendre, bien sûr. Vivre à l'étranger, loin de mes parents, serait un changement de vie assez radical pour moi.

— Mais pourquoi moi, M. Wolf ?

— Parce que vous avez à la fois les compétences et la « fraîcheur » de quelqu'un qui découvre cet univers. Et aussi parce que votre intérêt pour ce que nous faisons ne m'a pas échappé. J'ai besoin de votre enthousiasme et de votre ouverture d'esprit. Vous savez, reprit-il, j'ai appris à me fier à mon intuition : j'accepte tous les ressentis que je peux avoir, même si je ne sais pas d'où ils viennent. Et puis, n'oubliez pas que, moi aussi, j'ai recours à l'invisible pour avoir des réponses ! En ce qui vous concerne, je suis sûr à cent pour cent de faire le bon choix. Pour ne rien vous cacher, j'ai tiré l'hexagramme « Approche » : eh bien, le conseil correspondant est « Approche » – justement ! –,

accompagne le mouvement, encourage ce qui croît. Et le texte associé est très évocateur : *Ainsi l'Être Accompli, inépuisable dans son affectueux souci d'enseigner, est au-delà des frontières dans son tolérant souci du peuple**. Si je traduis au regard de ce qui se passe entre nous, Élodie, en le sortant du contexte de la Chine ancienne, ça veut tout simplement dire que j'ai des choses à vous transmettre, que j'ai envie de vous faire progresser et que je crois sincèrement que vous en valez la peine !
Sachez que vous n'êtes pas obligée de me dire oui, ni même de me répondre tout de suite ! Mais le plus vite sera le mieux, renchérit-il, en riant. Je suis persuadé, en outre, que ce serait une magnifique expérience pour vous…

— Je n'en doute pas, répondis-je. Je suis très touchée, Walter. De votre confiance, de tout ce que vous me dites. Je vais y réfléchir sérieusement. Et puis, ajoutai-je en riant à mon tour, je vais peut-être faire un ou deux tirages à ce propos.

— Vous avez conscience que cela vous ferait changer de vie du tout au tout ?

— Oui, et j'avoue que, bien que cela me fasse un peu peur, cela me fait aussi très envie !

Je promis de lui donner une réponse rapidement. Puis vint le moment de se quitter. Il fallait que je rejoigne Caro au siège de la société, avant de reprendre le train pour Paris.

Walter me tendit un jeu de tarot, que je dispersai sur le bureau devant lui. Je retournai la carte du Monde.

— Vous regarderez la signification en rentrant ! plaisanta Walter en me faisant un clin d'œil.

Je les embrassai tous les deux et sautai dans un taxi. La vie était belle…

---

* Didier Goutman, *Le Yi Jing*, Eyrolles Pratique, 2016.

24

Mathias et Stan étaient rentrés à Paris un peu avant nous, appelés par leurs obligations professionnelles. Pendant le trajet du retour, Caro m'adressa à peine la parole : son silence semblait lourd de reproches. J'avais tenté de lui expliquer que ce n'était pas le moment avec Sacha, mais elle n'avait rien voulu entendre :

— Il te plaît ? Vas-y ! Pourquoi tu te poses toutes ces questions ?

En réalité, depuis un moment, nous n'étions plus tout à fait sur la même longueur d'onde, elle et moi. Je me demandais si le fait que je change, que je commence à avoir mon propre point de vue sur la vie ne lui donnait pas le sentiment d'être un peu inutile. Jusque-là, elle avait joué le rôle de mon ange gardien. En perdant cette place, peut-être craignait-elle que notre relation prenne fin ?

Pour une fois, je ne lui avais d'ailleurs pas fait part non plus de la proposition de Walter… Je voulais la garder pour moi, de peur que Caro n'essaie de me faire changer d'avis pour me garder près d'elle. Or, ma décision était prise, et j'avais besoin d'un peu de temps encore pour la consolider. Nous restâmes donc silencieuses la majeure partie du trajet. En arrivant à la gare, elle me serra quand même affectueusement dans ses bras :

— Ma Didi, je suis perdue dans mes pensées. Ne t'en fais pas, ça va passer. Tout ça me chamboule, tu sais…

Elle faisait allusion au congrès. Je crois qu'elle aussi était remuée par ce qu'elle avait entendu. Je la rassurai en riant et nous descendîmes du train, bras dessus bras dessous. Au bout du quai apparut la silhouette de Pierre-Laurent. Il s'avança vers moi, le visage fermé :

— Tu as rencontré quelqu'un d'autre ?

Il se planta en face de moi et me regarda d'un air soupçonneux, sans même saluer Caro.

— C'est l'grand blond, là ? Le Polonais ?

— Qu'est-ce que tu racontes ? Viens, on va s'installer dans un café.

Caro s'en alla de son côté en me faisant signe « on s'appelle tout à l'heure ».

Nous sortîmes de la gare, précipitamment. La foule était dense. Il pleuvait. J'avais la gorge nouée. Je l'entraînai dans la première brasserie venue et m'affalai sur un siège. Il était tard et je n'avais pas du tout envie d'une scène de ménage, à peine rentrée.

— Écoute, Pierre-Laurent, commençai-je avec diplomatie, cela n'a rien à voir avec un autre. Simplement, je ne suis pas sûre d'être vraiment la femme qu'il te faut.

— Mais enfin ! protesta-t-il, je t'aime. Toi aussi, tu m'aimes.

— Je ne sais pas, répondis-je, à regret. Honnêtement, je ne sais plus. En tout cas, je sais que cette vie qui se profile avec toi ne me fait plus envie.

— Plus envie ? s'étrangla-t-il. Après tout ce qu'on a vécu ?

Sa réaction me rendait terriblement triste, c'est vrai. Mais je ne pouvais continuer à faire semblant. Je ne me retrouvais plus dans cette relation et encore moins dans tout ce qui l'accompagnait.

Le serveur vint prendre la commande.

— C'est tous ces gens que tu fréquentes, attaqua-t-il, ils ont foutu notre histoire en l'air.

— Mais non, tentai-je, pas du tout. C'est moi qui n'y suis plus.

Il ne comprenait pas. Ou ne voulait pas comprendre.

— Tu as changé, reprit-il, glacial. Tu n'es plus la même. Je ne te reconnais pas. Je ne sais pas ce qui t'est arrivé. Qui c'est qui t'a transformée comme ça? Vas-y rejoindre ton Polack, si c'est ça ton rêve. En tout cas, bravo! Je te félicite! Après tout l'argent que mes parents ont dépensé pour la soirée de fiançailles, c'est tout ce que tu trouves à faire!

— Pierre-Laurent, je ne vais rejoindre personne. Et pour ce qui est de Stan, il va se marier avec Mathias. Quant à tes parents…

Il m'interrompit, sur un ton accusateur :

— Tu te rends compte de ce que j'endure avec toi, depuis des mois? Tu t'en rends compte ou pas?

Il commença à compter sur ses doigts :

— Tu m'as balancé ton verre sur la tronche, tu m'as rendu ridicule auprès des amis de mes parents en racontant tes gamineries ésotériques, tu m'as discrédité le soir de nos fiançailles devant le Tout-Paris en dansant en string avec Bralong, que tu as dragué, en plus, à moitié ivre morte, et maintenant tu deviens vulgaire, tu fréquentes des homosexuels, tu jettes ton argent par les fenêtres, tu te fais empapaouter par un gourou minable… Et moi? Comme un vrai crétin, je dépense une fortune pour t'acheter une bague, je t'emmène dans notre maison de famille, je te présente à tous mes amis, je m'investis à fond dans notre relation en te proposant le mariage! Et là, pendant que mademoiselle se prélasse à Londres, j'ai passé mon temps à essayer de te défendre auprès de mes parents, à trouver des raisons d'espérer, de continuer d'y croire. Et toi, tu me largues dès ton retour, deux jours après nos fiançailles?

C'est comme ça que tu me remercies ? Mais *comment* tu peux me faire ça à moi ? C'est *quoi* ton problème ?

Il se cala au fond de la banquette et me regarda avec un air de chien battu.

Je le fixai posément :

— Tu vois, Pierre-Laurent, je ne te l'ai jamais dit mais je ne me suis JAMAIS sentie bien dans ton univers. Tes relations étriquées, tous ces gens enfermés dans une vie conformiste, antipathiques et arrogants… Tes parents qui scrutent le moindre de mes gestes, qui me critiquent en permanence, qui me regardent de haut comme si je n'étais qu'un insecte insignifiant. Et toi, toujours scotché à ton dragon de mère : tu m'étouffes avec tes idées préconçues sur tout, ta rigidité, ton intolérance vis-à-vis de ce que j'aime, ta façon de dévaloriser mes amis, mes envies, mes joies. De me cantonner à tout prix dans le rôle d'une fille gentille et fade. De m'interdire toute fantaisie, tout débordement. Je ne peux pas être moi-même avec toi, tu comprends *ça* ? J'ai besoin d'être avec quelqu'un qui m'encourage à être comme je suis, qui m'insuffle de l'énergie. Et ça, visiblement, tu ne peux pas.

— Ah, parce que c'est *ça*, être toi-même ? ricana-t-il, une folle, qui perd les pédales ? Qui se trémousse à moitié à poil sur une table ? Qui fricote avec des romanichels ? Qui crache sur les vraies valeurs ? Ben, ma pauv' fille, tu n'iras pas bien loin, moi j'te l'dis. Tu vas croupir dans ta petite vie minable, avec les dégénérés qui t'entourent.

Je vis ses mains trembler. Je soupirai avec lassitude :

— Tu vois, c'est bien la preuve : impossible de discuter avec toi. Mais tu sais, Pierre-Laurent, il est temps que tu te réveilles : on est au XXIe siècle aujourd'hui. La préhistoire, c'est fini, mon vieux !

Je me levai et lui balançai la bague de fiançailles au creux de sa salade nordique. Elle atterrit en plein cœur de la mayonnaise. Je ne me retournai pas.

Cette fois, je savais que je ne reviendrais pas en arrière.

ÉPILOGUE

Les passagers du vol *AF2876 pour Londres sont priés de se rendre immédiatement à l'embarquement porte 86. Passengers of flight number AF2876 to London, please go immediately to boarding gate number 86.*

— Ça, c'est pour moi ! dis-je avec un grand sourire.

Caro se lève et me serre dans ses bras avec émotion :

— Je te souhaite tout le meilleur, ma belle ! Et garde-moi une place au chaud dans ta vie : qu'est-ce que je vais m'ennuyer ici sans toi…

— Tu vas me manquer, Caro !

— *See you soon, baby !*

Je la regarde partir, avec un pincement au cœur. Mais je sais que notre séparation ne sera probablement que de courte durée. Je rassemble mes affaires et me dirige vers l'hôtesse en lui tendant mon passeport. Cette fois, le cygne prend ENFIN son envol ! Le temps est radieux. Il est dix heures du matin et je vais embarquer dans quelques minutes pour une nouvelle vie.

Cela n'a pas été facile pour moi de quitter Pierre-Laurent et de renoncer à l'image du prince charmant sur laquelle j'avais tant fantasmé, ainsi qu'à cette vie de rêve dans laquelle je m'étais projetée. J'ai pleuré après la rupture. Mais je sais que j'ai pris la bonne décision : l'écart entre nous deux était beaucoup trop grand. J'aurais pourtant aimé que nous nous quittions en meilleurs termes. Son incompréhension, sa colère, sa manière de tout me mettre sur le dos sans accepter sa part de responsabilité dans l'échec de notre histoire ont eu raison d'une amitié possible. S'il avait été plus ouvert, peut-être aurions-nous pu faire évoluer notre relation pour inventer ensemble une pièce de théâtre inédite et, qui sait, un dénouement plus joyeux ? Quel gâchis. Mais Pierre-Laurent n'était pas encore disposé à entendre un autre discours : dans son monde intérieur, seules les convenances gouvernent. Stan dit que son éducation et le milieu très conformiste dont il est issu ont certainement contribué à le fermer à toute forme de fantaisie. Chez lui, n'ont droit de cité que les personnages qui rentrent dans le rang. Au fond, il n'obéit qu'à une seule autorité : *Yv' le Dragon*.

Peut-être n'avions-nous en fait pas grand-chose en commun… En tout cas, je n'ai plus eu de nouvelles de lui. Ni de ses parents. J'espère simplement qu'il en trouvera une autre avec qui il sera heureux. Mais je n'ai pas de regrets, il ne me manque pas. Je me sens plus légère depuis que c'est terminé car j'ai l'impression de pouvoir enfin être moi-même.

Bien sûr, j'ai accepté la proposition de Walter. Je n'ai pas pu résister. Mes parents ont été franchement déçus, surtout ma mère, qui avait placé tant d'espoirs dans ma carrière chez Fiche. Mais j'en prends le risque. Après tout, ma vie m'appartient et à moi seule ! Et au vu de ce que cette dernière m'a apporté cette année, j'ai eu envie de lui offrir un cadeau en retour, comme dirait Walter ; et de m'engager dans quelque chose qui a du sens pour moi, pour la première fois de mon existence. C'est ce qui m'attend à Londres, il me semble, avec cette nouvelle aventure… Je vais entrer dans un univers inconnu. L'École du réenchantement, ce nom m'évoque plein de choses tourbillonnantes et merveilleuses : une autre façon d'être et de voir la vie, un pari audacieux, l'idée aussi de participer à un profond changement de société et d'améliorer le monde. Au fond, chez Fiche, j'étais complètement anonyme et interchangeable.

J'éprouve tellement de gratitude aujourd'hui pour tout ce qui m'est arrivé : je suis sortie des sentiers battus pour tracer mon propre chemin. La vie a mis sur ma route un homme et une femme qui ont changé le cours de mon destin et m'ont fait entrevoir la possibilité de devenir une personne à part entière. Avant cette rencontre, je n'exprimais rien de vraiment personnel dans aucun domaine de ma vie. Je ne m'étais d'ailleurs jamais posé la question en ces termes ! J'avais toujours fait ce qu'on attendait de moi. Mais, aujourd'hui, je commence à comprendre que ce n'est pas suffisant pour être heureuse.

Tout s'est fait si rapidement, presque à mon insu. Même si je sens que ce n'est pas si facile de changer de gouvernement ! Le général en chef Saturne a beaucoup résisté avant d'accepter le remaniement ministériel et d'introduire des « farfelus » dans son équipe. Je commence tout juste à tisser une relation de confiance avec la vie. Et je sais qu'elle me le rendra si je reste vigilante. Ceci dit, il va falloir tenir le fameux fil d'Ariane, et je vais avoir besoin de personnes plus expérimentées autour de moi pour ne pas retomber dans mes anciennes habitudes, mes doutes et mes peurs.

Au départ de cette aventure, ce simple geste qui m'a un peu effrayée et fait douter de ma santé mentale. Quand j'y repense : renverser un verre de jus de framboise sur le sol (et aussi un peu sur la tête de mon fiancé…), mon duo farceur et épris de liberté devait vraiment être à bout ! Il m'a fallu du temps pour décrypter les raisons de cet acte, mais je l'ai enfin pris au sérieux et, depuis, je sais mieux quelle place je ne veux plus avoir dans la vie. Quand j'ai quitté Walter Wolf, j'ai tiré la carte du Monde et elle signifie : *accomplis-toi !* Il est temps que le cygne s'envole vers des cieux plus conformes à son véritable désir, même si je ne sais pas encore tout à fait de quoi il sera fait. Je comprends maintenant l'idée du Soi jungien dont parlait Stan.

Ce guide intérieur, qui organise notre vie psychique pour nous pousser à nous réaliser pleinement, nous confronte là où nous échouons encore, nous ramène dans la bonne direction, nous alerte quand nous faisons fausse route. *Ainsi l'Être Accompli, en s'éclairant et en veillant sur lui-même, rend sa conduite lumineuse.* L'Être Accompli écoute-t-il le Soi pour éviter de se fourvoyer ? Encore une question à poser à mister Wolf !

Le mien a mis le paquet, si j'ose dire, pour me sortir de l'ornière où je risquais de m'enliser pour toujours : d'abord, en me faisant quitter, malgré moi, mon costume de petite fille sage, en relookant la moquette et en arrosant PL ; ensuite, en me poussant vers la librairie pour me mettre entre les mains le fameux livre ; et, enfin, en plaçant sur ma route trois alliés de choix : les Wolf et Stan. Sans compter tous les messages que la vie ne cessait de m'adresser à travers le livre, les rêves, les tirages, chaque fois que je m'éloignais ou que je baissais les bras. Finalement, j'avais tout en main pour commencer à regarder la pièce de théâtre depuis la position du metteur en scène. Et repérer ainsi les scènes de mon scénario à transformer !

Quant au Joker, à présent que j'ai fait sa connaissance grâce à Katarina, je saisis mieux à quel point il a besoin de moi pour exister d'une façon plus positive et contribuer à enrichir ma vie. C'est un personnage important de mon équipe et une source de joie et de créativité. Quand je pense que je l'avais muselé depuis toujours : *votre facette libre et créative, qui ne veut pas être enfermée dans une vie conformiste...* Je sens qu'il va beaucoup se plaire à l'École du réenchantement ! Je ne pensais pas que nous étions composés d'autant de personnages différents et que notre vie intérieure était aussi riche et multicolore. Ce défi dont parlait Katarina de réconcilier en soi ces deux mouvements contraires m'a ouvert les yeux sur mes choix et mes difficultés. En réalité, j'ai réalisé que je suis beaucoup plus que ce que j'ai toujours imaginé. J'ai compris que, la plupart du temps, nous avons plutôt tendance à nous définir de manière assez « uniforme » :

nous nous dépeignons à l'aide de quelques caractéristiques, de deux ou trois grandes tendances, mais nous allons rarement plus loin. Comme si, au fond, il n'y avait pas grand-chose à dire et qu'on faisait assez vite le tour de la question. Ainsi, nous laissons de côté une bonne partie de notre personnalité, souvent sans le savoir. Et certains aspects de nous-mêmes deviennent inaccessibles, parfois définitivement, comme une pièce condamnée où personne n'irait jamais. Je sais que j'ai encore bien d'autres personnages à découvrir dans mon « théâtre intérieur », comme l'appelle Katarina. J'espère bien pouvoir m'inscrire à ses cours d'astrologie. L'avoir comme professeur promet d'être réjouissant et passionnant. Le parcours de réenchantement risque d'être, lui aussi, une expérience assez chamboulante !

Caro, ma chère Caro, a accepté de prendre Myrtille en pension le temps de mon séjour à Londres. Elle m'en a un peu voulu de partir, mais il est bien possible qu'elle vienne m'y rejoindre. Car me voir changer de vie lui a donné des ailes. (J'adorerais ça, bien sûr. Elle est tellement assortie à cette ville, originale, chatoyante et libre... Je pense que nous allons passer des heures sur Skype.) Et Fiche, Tchips & Co seraient tout à fait disposés à lui proposer un poste là-bas. En ce qui me concerne, ils n'ont pas opposé de résistance à mon départ, que j'ai finalement bien négocié. Je pars le cœur léger.

Stan et Mathias adorent Londres et m'ont promis de me rendre visite le plus souvent possible.

Nous nous reverrons d'ailleurs très bientôt à leur mariage, dans un petit village de Normandie, pas très loin de... Bénerville, d'où Mathias est issu. Seul Fafa me manquera, mais, qui sait ? Peut-être finirons-nous par nous retrouver ici ou ailleurs... Je sais qu'il me reste encore bien des choses à explorer chez lui et que notre amitié n'en est qu'à ses débuts. Quand je lui ai annoncé mon départ, j'ai vu qu'il était un peu triste. Caro prétend qu'il a un petit faible pour moi. En tout cas, Fafa et moi sommes liés, depuis l'épisode Philippe Chauffessac par un secret partagé.

Quant à Philippe, j'aimerais avoir un jour le bonheur de le voir dans son costume d'homme libre ! Peut-être ne sera-t-il pas étonné que je sois partie, comme lui dans une direction différente. Quelqu'un qui jette les dossiers par la fenêtre ne peut pas être entièrement mauvais ! Je me demande comment Gabriel a réagi à la réception de la lettre, mais je ne le saurai probablement jamais.

Le *Petit Manuel de réenchantement* m'accompagnera partout, comme un talisman. C'est grâce à lui que l'aventure a commencé et que j'en suis arrivée là. Aujourd'hui, il s'est ouvert « par hasard » à la page 75, l'année de ma naissance. Son message est le suivant :

Libère-toi, le ciel t'aidera, et la vie t'aimera…

Sur la page d'à côté, un magnifique cheval blanc s'ébroue sous les étoiles.

Et Sacha Wolf, qui sait ? Peut-être dans une autre vie… ?

Je monte dans l'avion, les écouteurs sur les oreilles. Stan et Mathias m'ont offert une petite compilation de leurs morceaux préférés pour m'accompagner dans cette nouvelle étape.

– Attendez d'embarquer ! m'avait recommandé Mathias.

Je prends place à bord et m'installe côté hublot. Je mets en route la musique. Et je souris en entendant la voix de Grace Jones, puissante, conquérante, triomphante, qui prend petit à petit tout l'espace.

Ça y est, nous sommes prêts pour le décollage. J'éteins la musique. Mais elle continue à résonner dans ma tête, comme le générique d'un film qui commence, alors que l'avion monte vers le ciel.

La vie en rose, la vie en rose, la vie en rose, la vie en rose

La vie…

Mise en pages : Sandrine Escobar

Achevé d'imprimer par Normandie Roto Impression s.a.s.
sur papier bouffant Munken Print 80g
N° d'imprimeur : 1701162
Dépôt légal : avril 2017

Imprimé en France